Serge Paolorsi / Alain Saey

Kunst-Rezepte für den Unterricht

78 kreative Arbeitsaufträge

Band 2

Gedruckt auf umweltbewusst gefertigtem, chlorfrei gebleichtem
und alterungsbeständigem Papier.

1. Auflage 2010
Nach den seit 2006 amtlich gültigen Regelungen der Rechtschreibung
© by Brigg Pädagogik Verlag GmbH, Augsburg
Alle Rechte vorbehalten.

Originalausgabe:
© Retz/S.E.J.E.R, Paris,
Titre original de l'œuvre : Activités d'arts visuels à l'école Tome 2
Publiée par Retz, Paris

ISBN 978-3-87101-**580**-9   www.brigg-paedagogik.de

Inhalt

Vorwort

Dieses Buch bietet eine neue Zusammenstellung 78 detaillierter Unterrichtsvorschläge, die eine Vielzahl von Themen und Techniken in verschiedenen Schwierigkeitsstufen abdecken. Es wendet sich sowohl an Lehrkräfte mit einem großen Erfahrungsschatz als auch an solche, die fachfremd Kunst unterrichten, und bietet viele Ideen zur Erweiterung und Neuentdeckung künstlerischer Arbeitsfelder (z.B. Fotografie, Comiczeichnung, Copy Art, Kunstgeschichte).

Die beiden Autoren entwickelten die vorliegenden Unterrichtsideen – wie auch die Zusammenstellung im Vorgängerband[1] – im Laufe ihrer jahrelangen Arbeit als Grafiker und Kunstlehrer an der Grundschule. Aus eigener Erfahrung kennen sie die Schwierigkeiten, mit denen Kunstlehrer/-innen[2] in der Unterrichtspraxis häufig konfrontiert sind (Zeit- und Platzmangel, Materialbeschaffung, Aufräumarbeit usw.). Entsprechend sind die Arbeitsanleitungen besonders praktisch gestaltet.

Merkmale des Buches

- Es bietet ein breites Spektrum an grafischen und künstlerischen Arbeitstechniken: Bleistift, Feder, Pastell, Gouache/Temperafarbe, Aquarell, Collage, Comiczeichnung, Perspektive, Design, Fotografie/Film u.a.m.
- Die Lehrkraft kann die Angebote flexibel einsetzen. Je nach Stundenplan, gewähltem Thema und Leistungsniveau der Kinder kann sie im Laufe des Schuljahres passende Unterrichtsreihen zusammenstellen.
- Um die Fantasie der Schüler anzuregen oder diesen bei Schwierigkeiten eine Hilfestellung zu bieten, kann die Lehrkraft auf die Skizzen zurückgreifen, die bei jedem Angebot bereitgestellt werden.
- Eines der zentralen Ziele besteht darin, dass jedes einzelne Kind mit seinen Arbeitsergebnissen zufrieden sein kann, dass es Freude daran hat, sein eigenes kreatives Potenzial zu entdecken.
- Um die analytische Wahrnehmung der Kinder zu fördern, wird empfohlen, die Arbeitsergebnisse aufzuhängen, ein abschließendes Gespräch zu führen und die Kinder zu einer kritischen Betrachtung der eigenen Ergebnisse zu animieren.
- Das für die Aufträge benötigte Material ist in der Regel kostengünstig und leicht zu besorgen; das meiste werden die Schüler bereits zur Verfügung haben (Bleistift, Zirkel, Lineal). Mehrfach wird auf Abfallstoffe (alte Zeitungen, Kartons usw.) zurückgegriffen.
- Die Autoren haben bewusst eine stichpunktartige Darstellung mit „Rezeptcharakter" gewählt, um der Lehrperson eine größtmögliche Arbeitserleichterung zu bieten.
- Zur weiteren Anregung der Kreativität und Fantasie kann jeder Auftrag ganz nach Ermessen der Lehrperson und/oder der Kinder weiterentwickelt und ergänzt werden.

Allgemeine Ziele

Mit den vorliegenden 78 Anregungen zum kreativen Arbeiten sollen die Neugierde der Kinder sowie ihre Freude am Experimentieren geweckt und schließlich auch ihre Eigenständigkeit gestärkt werden.

---

[1] Kunst-Rezepte für den Unterricht, Band 1. Best.-Nr. 412

[2] Zur besseren Lesbarkeit wurde in vorliegendem Band anstatt „Lehrerinnen und Lehrer" bzw. „Schülerinnen und Schüler" die Formulierung „Lehrer" bzw. „Schüler" verwendet. Damit sind selbstverständlich gleichermaßen weibliche und männliche Lehrpersonen bzw. Lernende gemeint.

Die Lehrkraft regt das Interesse der Kinder an, indem sie eine große Bandbreite an künstlerischen Arbeitstechniken (Malen, Graffiti, Comiczeichnung, Kalligrafie, Fotografie), vorzugsweise in Kombination miteinander, anbietet und die Themen in einen größeren, interdisziplinären Rahmen einbindet.

Die Kinder sollen die Gelegenheit bekommen, Kunstwerke aus verschiedenen Epochen und unterschiedlicher Stilrichtungen kennenzulernen und die diversen gestalterischen Ausdrucksformen miteinander zu vergleichen.

Praktische Hinweise

Der Lehrperson wird empfohlen, die in dem Buch vorgeschlagenen Arbeiten selbst auszuprobieren, bevor sie diese im Unterricht mit den Kindern ausführt. Dies gilt insbesondere für die Aufgaben zum Falten und Zusammenbauen. Damit die Schüler die Arbeitsschritte und Ziele besser verstehen können, ist es häufig sinnvoll, eine Viertelstunde zu Beginn für vorbereitende Skizzen oder Entwürfe einzuplanen.

Bei Bedarf sollte die Lehrperson mit einfachen und aussagekräftigen Zeichnungen an der Tafel einzelne Arbeitsschritte ergänzen und kommentieren. Wichtig ist es dabei, dass sie nicht zu genau vorgibt, wie sie sich das Arbeitsergebnis vorstellt. Kinder tendieren dazu, etwas nachzuahmen; das Ziel der Aufgaben besteht jedoch gerade darin, sie zu einer individuellen Umsetzung anzuregen.

Um die Fantasie und die Kreativität der Kinder zu stimulieren, ist es außerdem wichtig, sie begleitend zu ihrer eigenen praktischen Arbeit mit bekannten Kunstwerken vertraut zu machen. Die Aufträge mit kulturellem Schwerpunkt, die sich beispielsweise auf Niki de Saint Phalle, Dubuffet, Léger, Klimt und Monet beziehen, bieten den Kindern eine einzigartige Möglichkeit, mit unserem kulturellen Erbe vertraut zu werden. Im Kontext der jeweiligen Epoche und in Verbindung mit weiteren künstlerischen Ausdrucksformen (Literatur, Musik) bilden die Werke dieser Künstler einen Beitrag zum Fundament unserer Kultur, die wiederum eine unverzichtbare Grundlage für die Entfaltung des Kindes darstellt.

Die Hinweise unter „Anschauungsmaterial", die bei den meisten Aufträgen zu finden sind, können der Lehrperson wie auch dem Schüler helfen, sich eine kleine Sammlung von Dokumenten zusammenzustellen, die bei der Bearbeitung des jeweils behandelten Themas nützlich ist und weiter zu einem kleinen „persönlichen Museum" (mit Büchern, Postkarten oder Bildern aus dem Internet) ausgebaut werden kann. Es empfiehlt sich, die Bilder an der Tafel aufzuhängen.

Die Aufträge sollen den Kindern die Möglichkeit geben, ein für sie selbst befriedigendes Ergebnis zu erzielen. Typische Aussagen wie „Mir fällt nichts ein!", „Es klappt nicht!" oder „Ich kann nicht malen!" sollen gar nicht erst aufkommen. Die Lehrperson begleitet jedes Kind bei seiner Arbeit und respektiert dabei dessen Persönlichkeit. In keinem Fall wird ein Produkt als nicht modellkonform abgelehnt; vielmehr sollte jedes Kind darin bestärkt werden, seine eigene Arbeit und die der anderen kritisch zu betrachten. Am Ende einer Arbeit kann die Lehrperson einige Ergebnisse aufhängen bzw. ausstellen und die Auswahl ausführlich und stichhaltig begründen. Dies gibt den Kindern Wertschätzung und eine hervorragende Möglichkeit, sich ihrer eigenen kreativen Fähigkeiten bewusst zu werden.

Material (Grundausstattung)

Malwerkzeug
- Gouache oder Temperafarben, mindestens in Schwarz, Weiß sowie in den Primärfarben Magentarot, Cyanblau und Gelb
- Rundpinsel (verschiedene Dicken)
- Flachpinsel (verschiedene Dicken)
- Tusche
- dünner schwarzer Filzstift
- Bleistift (HB)
- Graphitstifte
- Buntstifte
- Farbpalette (Es kann auch ein Bogen festes Papier verwendet werden, der nach Gebrauch weggeworfen wird. Die Farben sollten am Rand aufgetragen werden, damit im mittleren Bereich die Mischfarben erstellt werden können.)
- Ölpastelle
- Fixativ (Es kann auch einfacher Haarlack verwendet werden.)

Papier
- weißes und schwarzes Tonpapier (130 g)
- Fotokarton (220 g) oder Bristolkarton (250 g), wird für die Faltübungen und dreidimensionalen Konstruktionen empfohlen
- Pauspapier
- Verpackungskarton

Weitere Materialien
- Klebstoff: Klebestift für leichtere Papiere, Flüssigkleber zum Fixieren von Karton, Tapetenkleister
- ein ausreichend großes Wassergefäß (z. B. Konservendose oder abgeschnittene Plastik-flasche), damit der Pinsel gut gesäubert werden kann, ohne dass das Wasser dauernd ausgewechselt werden muss
- alte Wachstischdecke zum Schutz der Arbeitsfläche, Lappen, Malkittel usw.
- Klebeband (Paketband)
- Gips
- Fotoapparat (analog oder digital)
- Fotokopierer

Präkolumbische Maske

Ziele
- eine Fläche ausgestalten
- die Feinmotorik stärken
- eine Einführung in die Kunstgeschichte erhalten

Material
- weißes Tonpapier
  (ca. DIN A4 oder DIN A3)
- Gouache/Temperafarbe
  (Schwarz, Blau, Gelb)
- Goldfarbe
- Flachpinsel (Nr. 8)

Dauer
- 1$^1/_2$ Zeitstunden

Anschauungsmaterial
- präkolumbische Kunst

Arbeitsanleitung

Das Papier zweimal falten und wieder aufklappen.

Einen Flachpinsel Nr. 8 in schwarze Gouache/Temperafarbe eintauchen. Drei gleich breite Striche ziehen, welche die Augen und
den Mund darstellen sollen (Abb. 1).

Die Striche in einheitlichem Abstand umfahren (Abb. 2).

Die Wangen und die Nase ergänzen (Abb. 3).

Abbildungen von präkolumbischer Kunst betrachten.

Die Kinder dürfen ihre Maske frei und individuell ausgestalten.
Einzige Vorgabe ist dabei, gleich viel schwarze und weiße Fläche
zu erzeugen (Abb. 4).

Die weißen Bereiche mit Türkis (Blau + Gelb) ausfüllen.

Nach dem Trocknen einzelne Gesichtszüge durch Nachziehen mit
einem fast trockenen Flachpinsel und Goldfarbe hervorheben.

Hinweise:
- *Die Pinselstriche sollen eine einheitliche Breite haben.*
- *Das Blatt darf während der Arbeit auch gedreht werden.*
- *Die Farbmischungen mit kleinen Farbmengen machen.*

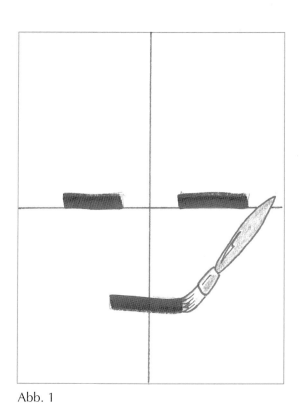

Abb. 1

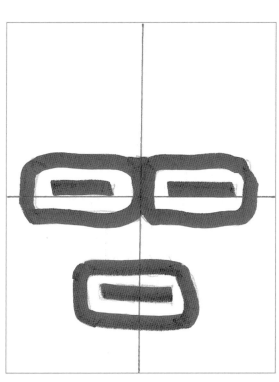

Abb. 2

Abb. 3

Abb. 4

2 Tierdarstellungen der Aborigines

Ziele
- die Tierdarstellung bei den australischen Aborigines kennenlernen
- einfache Zeichnungen anfertigen

Material
- schwarzes Tonpapier (ca. DIN A3)
- Ölpastelle
- Sprühlack

Dauer
- 2 Zeitstunden

Anschauungsmaterial
- Bilder von Zeichnungen und Malereien der Aborigines (Australien)

Arbeitsanleitung

Das Papier mit einer weißen Ölpastelllinie längs in zwei Hälften teilen (Abb. 1).

Auf die eine Seite der Linie die halbe Umrisszeichnung eines Tiers zeichnen (z. B. Eidechse, Schildkröte, Krokodil). Der Kopf soll den oberen, die Schwanzspitze den unteren Blattrand berühren (Abb. 2).

Die Seite mit der Zeichnung auf die andere Blattseite klappen, von außen leicht abreiben und so ein symmetrisches Bild erzeugen (Abb. 3 und 4).

Verschiedene Erdtöne auswählen (Braun und Weiß) und auf dem Tierkörper Muster aus unterschiedlich dicken Linien ziehen (Abb. 5).

Den Hintergrund mit anderen Mustern ausfüllen (breite, mittlere, dünne Linien), um das Tier gut zur Geltung zu bringen (Abb. 6).

Hinweise:
- *Die schwarze Farbe des Papiers sollte nicht dominieren, sondern in ausgewogenem Verhältnis zu den aufgetragenen Farben sein.*
- *Abschließend das Bild mit Sprühlack fixieren.*

2

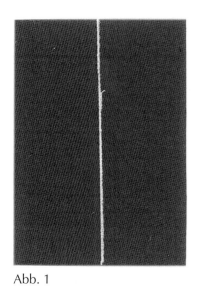

Abb. 1

Abb. 2

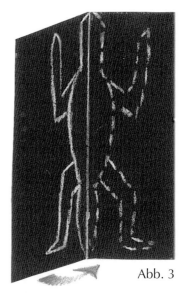

Abb. 3

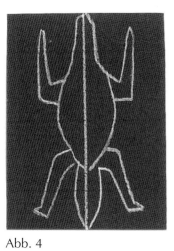

Abb. 4

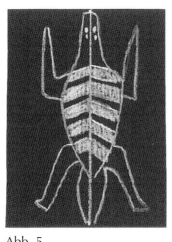

Abb. 5

Abb. 6

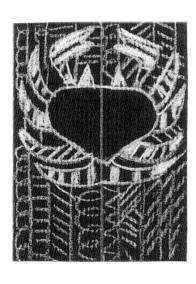

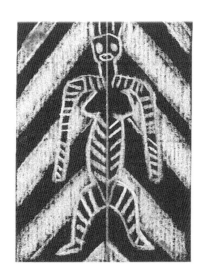

3 Afrikanischer Krieger

Ziele
- grafische Muster entwickeln
- die Feinmotorik stärken

Material
- weißes Tonpapier (ca. DIN A5)
- Bleistift (HB)
- Radiergummi
- feiner schwarzer Filzstift

Dauer
- 1 Zeitstunde

Anschauungsmaterial
- dekorative afrikanische Motive

Arbeitsanleitung

Das Papier längs in der Mitte falten.

Zwei Punkte auf die Faltlinie setzen und durch bogenförmige Linien verbinden (Abb. 1).

Auf beiden Seiten den Vorgang mehrfach wiederholen, dabei den Abstand zwischen den Punkten immer kleiner werden lassen (Abb. 2).

An die obere Spitze jeder Form einen Kreis zeichnen, darin die Gesichtszüge (Mund, Augen, Nase usw.) ergänzen. Die Beine der Personen zeichnen (Abb. 3).

Mit der zentralen Figur beginnen, dann die immer kleiner werdenden Figuren ausarbeiten. Mit schwarzem Filzstift nachziehen, dann die Schutzschilder mit verschiedenen Mustern und Motiven ausgestalten (Abb. 4).

Die untere Bildhälfte mit horizontalen Parallellinien ausfüllen und jeden Krieger mit einer Lanze ausstatten (Abb. 5).

3

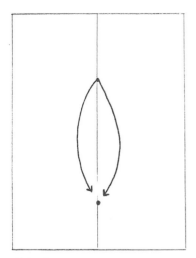

Abb. 1

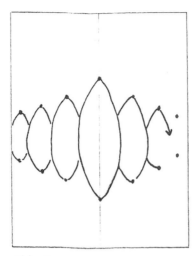

Abb. 2

Abb. 3

Abb. 4

Abb. 5

Graustufen

Ziele
- die Feinmotorik stärken
- das Einsetzen von Graustufen lernen
- sich mit der Bleistifttechnik auseinandersetzen

Material
- weißes Tonpapier (ca. DIN A4)
- Bleistift (HB oder 2B)

Dauer
- 2 Zeitstunden

Arbeitsanleitung

Das Erzeugen unterschiedlicher Graustufen mit dem Bleistift auf Schmierpapier üben: erst leicht, dann immer fester aufdrücken, um einen immer dunkleren Grauton zu erhalten (Abb. 1 und 2).

Auf dem weißen Tonpapier eine Reihe unterschiedlich großer Schornsteine zeichnen, dabei ausreichend Platz für den Rauch lassen (Abb. 3).

In Graustufen den Rauch darstellen, der aus den Schornsteinen kommt. Die Breite und die Graustufe variieren. Überschneidungen der Rauchfahnen zulassen (Abb. 4).

Hinweise:
- *Die gleiche Übung kann auch mit Buntstiften durchgeführt werden.*
- *Ein Bleistift der Stärke 2B eignet sich am besten für die Arbeit mit Graustufen.*

4

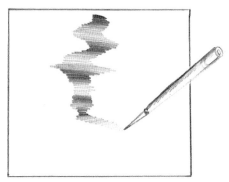

Abb. 1

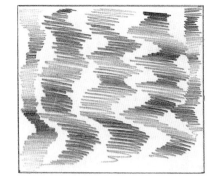

Abb. 2

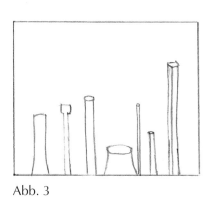

Abb. 3

Abb. 4

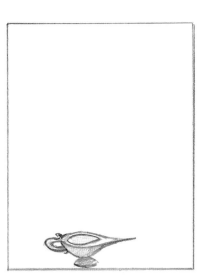

Abb. 5

Abb. 6

Tätowierungen

Ziele
- grafische Muster entwickeln
- die Feinmotorik stärken
- indigene Kunstformen kennen-lernen

Material
- weißes Tonpapier (ca. DIN A3)
- Bleistift
- Pinsel
- Tusche

Dauer
- 2 Zeitstunden

Anschauungsmaterial
- Bilder neuseeländischer oder tahitianischer Körperkunst

Arbeitsanleitung

Auf dem großen Papierbogen mit Bleistift eine Person im Umriss zeichnen (als Hilfe für die richtigen Körperproportionen entweder eine Fotografie verwenden oder einen Mitschüler/eine Mitschüle-rin Modell stehen lassen).

Geben Sie den Schülern Anhaltspunkte, die ihnen helfen, eine großformatige Person zu zeichnen (zum Beispiel: Kopf bis 4 cm vor dem oberen Blattrand, die Füße bis 4 cm vor dem unteren Rand) (Abb. 1).

Mit dem Pinsel den Körper „tätowieren".
Im Gesicht anfangen: mit Tusche sehr feine Linien um die Augen, die Nase und den Mund ziehen. Die einzelnen Gesichtsteile deutlich hervorheben (Abb. 2).

Die Tätowierung auf dem gesamten Körper fortsetzen, dabei eigene, gegenständliche Motive oder dekorative Muster wählen und variieren. Die Linien sollen eng gesetzt werden, damit die Haut vollkommen bedeckt ist (Abb. 3).

Variante
Genauso vorgehen, diesmal allerdings nur mit der Zeichnung einer Hand.

5

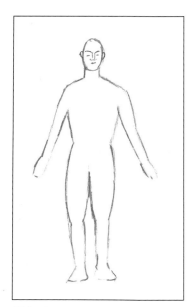

Abb. 1

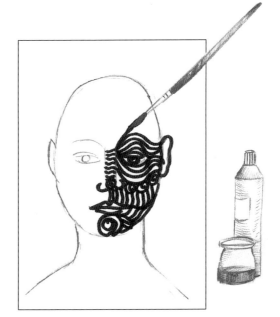

Abb. 2

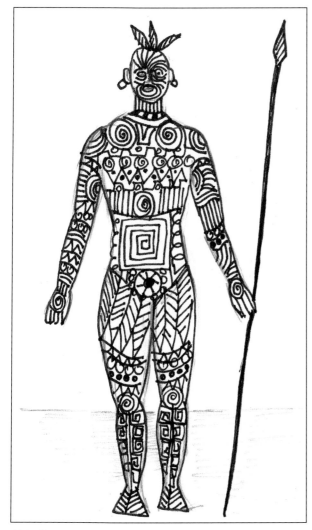

Abb. 3

Abb. 4

6 Dekoratives Alphabet

Ziele
- Schrift beherrschen
- eine Fläche einnehmen

Material
- weißes Tonpapier (20 x 20 cm)
- Bleistift (HB)
- Filzstifte

Dauer
- 3 Zeitstunden

Arbeitsanleitung

Vorschlag A

Mithilfe eines einfachen runden Gegenstandes (z. B. eines Tubendeckels oder eine Münze) im Blattmittelpunkt einen kleinen Kreis zeichnen (Abb. 1).

Die Buchstaben des Alphabets in konzentrischen Kreisen um diesen kleinen Mittelkreis schreiben (Abb. 2).

Die Buchstaben sollen sich gegenseitig berühren und geschlossene Flächen bilden (Abb. 3).

Die Zwischenräume beliebig mit Filzstiften ausmalen.

Vorschlag B

Mit dem Pinsel oder mit einem Filzstift von einem Zentrum ausgehend strahlenförmig bis zum Blattrand eine Buchstabenkette schreiben (Abb. 4).

Für jeden Buchstaben genauso vorgehen, zunächst ein Kreuz entstehen lassen (Abb. 5).

Die Buchstaben dürfen sich berühren und sich überschneiden (Abb. 6).

Vorschlag C

Gleiches Prinzip wie bei Vorschlag A, nur diesmal von einem Quadrat ausgehend (Abb. 7 bis 9).

Darauf achten, dass die Ursprungsform konsequent eingehalten wird.

Hinweis: Die Schüler sollen bei der Arbeit das Blatt drehen, so befreien sie sich von der gewohnten, an Linien orientierten Schreibweise.

6

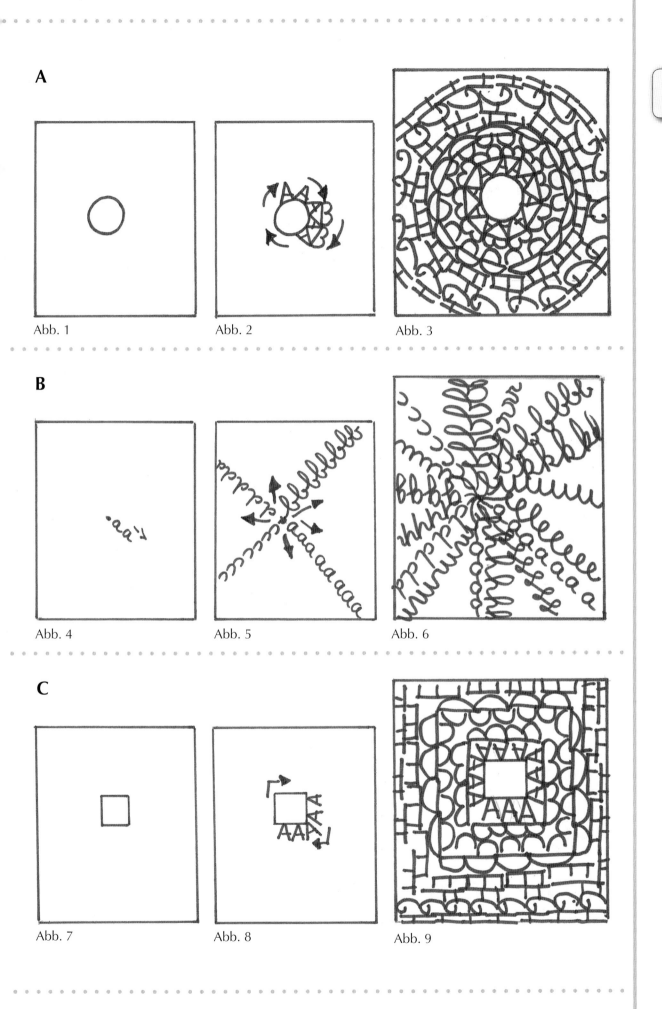

A

Abb. 1   Abb. 2   Abb. 3

B

Abb. 4   Abb. 5   Abb. 6

C

Abb. 7   Abb. 8   Abb. 9

7 | Unterwasser-Mosaik

Ziele
- sich spielerisch mit der Schrift auseinandersetzen
- Schrift beherrschen
- Schriftzeichen zusammensetzen

Material
- weißes Tonpapier (DIN A3 halbiert: ca. 42 x 15 cm)
- Bleistift (HB)
- Radiergummi
- dünner schwarzer Filzstift
- verdünnte blaue Tinte

Dauer
- 1 Zeitstunde

Arbeitsanleitung

Auf dem Papier im Querformat „Wellen zeichnen": 6–8 geschwungene Linien ziehen, die weder parallel sind noch sich überschneiden (Abb. 1).

20–30 solcher Linien in senkrechter Richtung ziehen (Abb. 2).

Jeder Schüler erhält eine Kopie des Alphabets von Seite 186.

Die Buchstaben nach dem vorgegebenen Prinzip zusammensetzen. Dazu mit dem Bleistift die entsprechenden (verzerrten) Kästchen ausmalen, nur leicht aufdrücken. Die Buchstabenkontur mit schwarzem Filzstift nachfahren (Abb. 3).

Mit verdünnter blauer Tinte und einem Pinsel (wenn möglich einem Aquarellpinsel) erst den Hintergrund, dann die Buchstaben ausmalen (dabei auch die Filzstiftkonturen berühren). Fotos betrachten, auf denen Lichtreflexe an einer Wasseroberfläche erkennbar sind. Einen Pinsel in Wasser tauchen und damit solche Lichtreflexe einarbeiten. Nach ein paar Minuten mit Löschpapier abwischen (Abb. 4).

Hinweise:
- *Die Mischung Tinte/Filzstift soll zu einer intensiveren Farbe im Inneren der Buchstaben führen.*
- *Es können Fische (von oben betrachtet) ergänzt werden; mit blauer Tinte werden deren Schatten gezogen.*

7

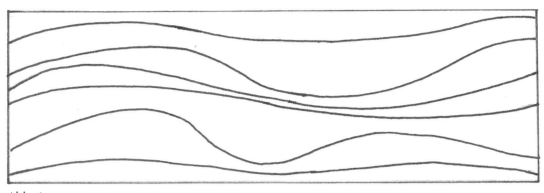

Abb. 1

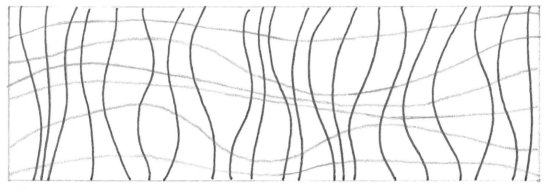

Abb. 2

Abb. 3

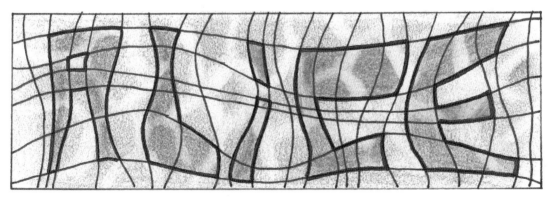

Abb. 4

8 Malen mit dem Pinsel

Ziele
- lernen, mit dem Pinsel wie mit einem Stift zu arbeiten
- die Motorik der Hand trainieren
- die Arabeske kennenlernen
- lernen, wie man ein Bild zur Geltung bringt und einen Rahmen gestalten kann

Material
- weißes Tonpapier
- Tinte in verschiedenen Farben
- Pinsel
- braunes Packpapier oder farbiges Tonpapier

Dauer
- 3 Zeitstunden

Anschauungsmaterial
- Werke von Pierre Alechinsky

Arbeitsanleitung

Auf das weiße Tonpapier mit dem Bleistift eine Spirale zeichnen, dabei nur sehr leicht aufdrücken (Abb. 1).

Mit dem Pinsel und Tinte heller Farbe in einer lockeren Schleifenlinie die Spiralenzwischenräume ausfüllen (Abb. 2).

Die kleinen Flächen innerhalb und außerhalb der Schleifen in unterschiedlichen Farben mit Tinte ausmalen (Abb. 3).

Alle Linien mit schwarzer Tinte nachziehen. Einen Schneckenkörper ergänzen.

Den Hintergrund ausgestalten, dazu die verschiedenen Tintenfarbtöne mischen.

Das Bild mittig auf einen großen Bogen Packpapier kleben (Abb. 4).

Mit dem Pinsel und schwarzer Tinte um das Bild herum eine Reihe von Kästchen malen (Abb. 5). Diese mit Tiermotiven (Schlangen, Vögel) ausgestalten, dabei direkt mit dem Pinsel arbeiten.

Zusätzlich mit kleinen Strich- und Punktmustern ausgestalten (Abb. 6).

8

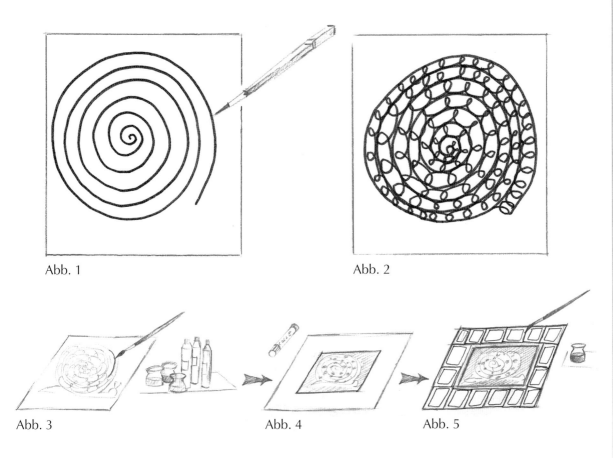

Abb. 1

Abb. 2

Abb. 3

Abb. 4

Abb. 5

Abb. 6

9 Tiere I

Ziele
- die Feinmotorik stärken
- grafische Muster entwickeln
- eine neue Maltechnik entdecken

Material
- weißes Tonpapier (ca. DIN A5)
- Bleistift (HB)
- Radiergummi

Dauer
- $^1/_2$ Zeitstunde

Arbeitsanleitung

Vorschlag A

Um einen Igel zu zeichnen, einen Punkt auf das Blatt setzen und kreisförmig mit Zickzack-Gekritzel ummalen (Abb. 1).

Diesen Vorgang zwei- bis dreimal wiederholen, um das Bild „wachsen zu lassen" (Abb. 2).

Auf nur einer Seite fortfahren (Abb. 3).

Auf der gegenüberliegenden Seite den Kopf ergänzen (Abb. 4).

Den Hintergrund mit einfachen Mustern ausgestalten.

Vorschlag B

Um ein Schaf zu zeichnen, wie dargestellt mit dem Kopf beginnen (Abb. 5).

Für den Körper so lange eine kreisende Kritzelbewegung durch-führen, bis das Ergebnis eine im Verhältnis zum Kopf angemessene Größe erreicht hat (Abb. 6).

Die Beine in gewünschter Stellung ergänzen.

Den Hintergrund streifenweise mit Zickzack-Gekritzel wie in Vorschlag A ausgestalten (Abb. 7).

Hinweis: *Beim Zeichnen des Igelkörpers kann das Blatt gedreht werden.*

9

A

Abb. 1

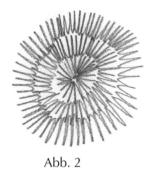

Abb. 2

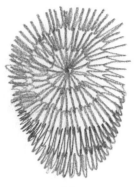

Abb. 3

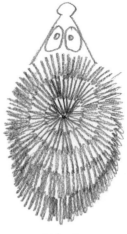

Abb. 4

B

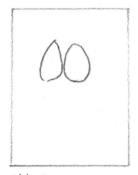 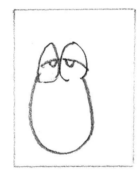 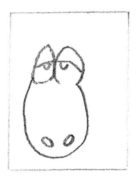 

Abb. 5

Abb. 6

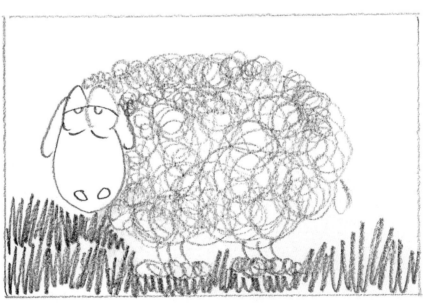

Abb. 7

10 Farbiges Stillleben

Ziele
- mit Mustern arbeiten
- eine neue Technik erlernen
- eine Einführung in die Kunstgeschichte erhalten

Material
- schwarzes Tonpapier (ca. DIN A4)
- Ölpastelle

Dauer
- 2 Zeitstunden

Anschauungsmaterial
- Werke von Vincent van Gogh

Arbeitsanleitung

Auf das schwarze Papier mit hellem Ölpastell einfache Gegenstände aufmalen, die auf einem Küchentisch zu finden sein können (Teller, Gabel usw.). Die Formen sollen vertikal ausgerichtet und mit Abstand zueinander sein (Abb. 1).

Den Bereich zwischen den Gegenständen mit einem Muster aus horizontalen Pastellstrichen in drei oder vier ausgewählten Farben ausgestalten. Die Stiche übereinanderlagern, den schwarzen Hintergrund vollständig abdecken (Abb. 2).

Die Gegenstände mit unterschiedlichen Mustern ausfüllen (Kreismuster für den Teller, diagonale Linien für das Messer usw.).

Sie sollen dabei nicht in den Farben „untergehen". Mit Weiß umfahren, um sie vom Hintergrund abzuheben (Abb. 3).

Variante

Nach dem gleichen Prinzip übereinandergelagerter Muster einen Blumenstrauß gestalten. Dazu geometrische Figuren zeichnen, welche die Vase und das Innere der Blumen darstellen sollen (Abb. 4). Die Blumen mit strahlenförmigen, die Vase mit vertikalen und den Tisch mit horizontalen Strichmustern ausarbeiten.

Abb. 1

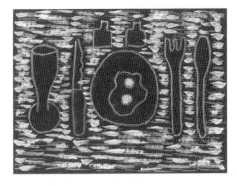

Abb. 2

10

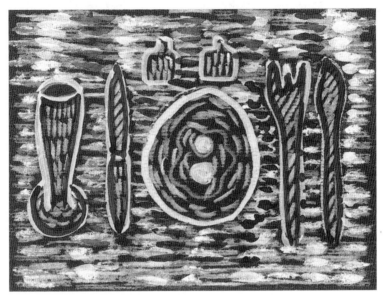

Abb. 3

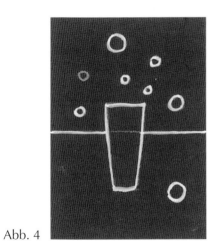

Abb. 4

Abb. 5

11 | Marmoriertes Papier

Ziele
- eine neue Arbeitstechnik kennenlernen
- Fantasie entwickeln

Material
- flache Wanne
- Tapetenkleister
- Ölfarben, mit Terpentinöl verdünnt
- Kamm, Holzstäbchen o. Ä.
- Papier
- Filzstifte

Dauer
- $\frac{1}{2}$ Zeitstunde

Anschauungsmaterial
- antike Bücher
- Werke von Jean Dubuffet

Arbeitsanleitung

Den Tapetenkleister anrühren (nicht zu flüssig). In eine flache Wanne umfüllen (Abb. 1).

Auf die Oberfläche der Tapetenkleisterschicht Farben in Klecksen, Spuren oder anderen Formen auftragen (Abb. 2).

Die Farben mithilfe von Stäbchen, einem Kamm o. Ä. zu Mustern verziehen (Abb. 3).

Vorsichtig ein Blatt Papier auflegen, dabei soll die gesamte Blattfläche mit dem Kleister in Kontakt sein. Das Blatt an den Ecken fassen, abziehen und trocknen lassen (Abb. 4).

Lassen Sie die Kinder nach dem Trocknen die Ergebnisse betrachten: Woran erinnern die Farbmuster?

Mit Filzstiften Motive, die die Kinder darin erkannt haben, herausarbeiten (Abb. 5).

Hinweise:
- *Die Farben nicht zu stark vermischen.*
- *Für die Arbeit mit der gesamten Klasse eine ausreichende Anzahl von Wannen vorsehen.*

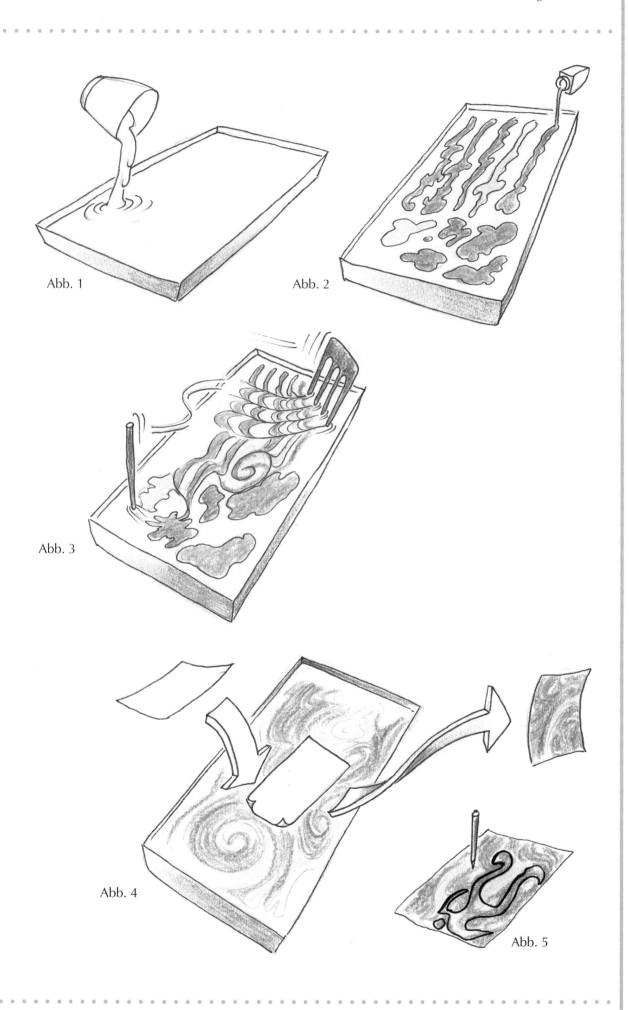

Abb. 1

Abb. 2

Abb. 3

Abb. 4

Abb. 5

12 | Mit einem Faden malen

Ziele
- neue Arbeitsgeräte ausprobieren
- die Feinmotorik stärken

Material
- einfacher, kräftiger Bindfaden
- schwarzes Tonpapier (ca. DIN A4)
- Gouache/Temperafarben

Dauer
- 1 Zeitstunde

Arbeitsanleitung

Eine Farbpalette mit kräftigen Farben anlegen (Gelb, Rot, Blau, Weiß) (Abb. 1).

Einen eher dicken Bindfaden mit Farbe überziehen (Abb. 2).

Ein Ende der Schnur im Blattmittelpunkt festhalten und die Schnur rundum über das Blatt ziehen, sodass eine kreisförmige Farbspur entsteht (Abb. 3).

Den Vorgang mehrfach wiederholen, bis das gesamte Blatt abgedeckt ist. Dabei die Farben variieren und übereinandersetzen (Abb. 4).

Varianten

- Gleiches Prinzip mit mehreren, sich überschneidenden Kreisen.
- Gleiches Prinzip, diesmal werden die Kreise von den vier Blattecken ausgehend gezogen.

Hinweise:
- *Schönere Spuren lassen sich erzielen, wenn die Farbe etwas dickflüssig ist.*
- *Papier in unterschiedlichen Farben verwenden, um andere Effekte zu erzielen (Schwarz auf Weiß, Weiß auf Schwarz ...).*
- *Auch als Gemeinschaftsarbeiten möglich.*

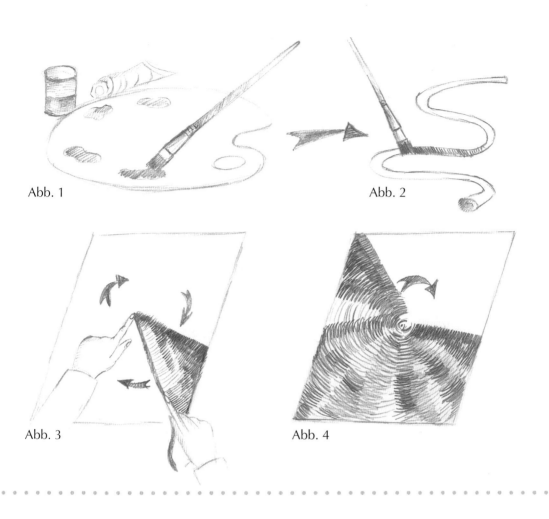

Abb. 1

Abb. 2

Abb. 3

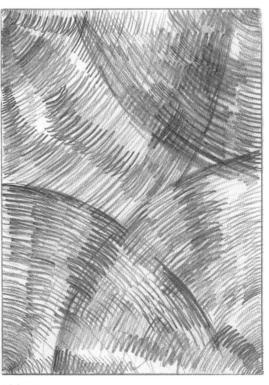

Abb. 4

Abb. 5

Abb. 6

Bleistift

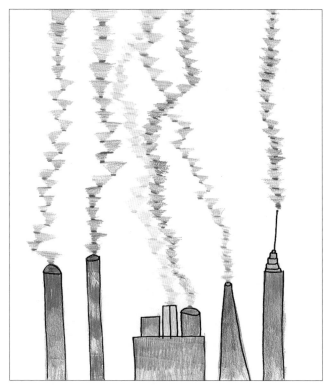

„Graustufen" (4), Seite 14

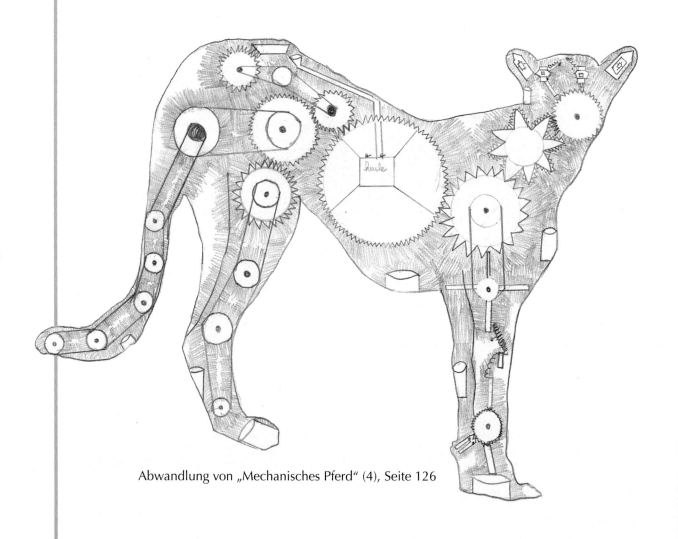

Abwandlung von „Mechanisches Pferd" (4), Seite 126

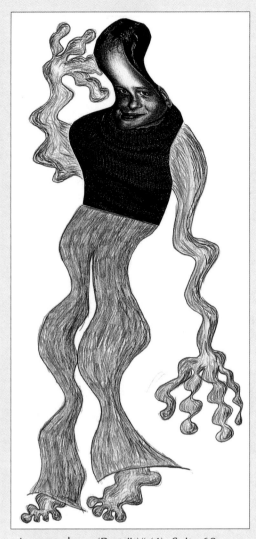

„Anamorphose (Porträt)" (4), Seite 68

„Fotomontage" (2), Seite 60

„Fotomontage" (2), Seite 60

„Schriftkunst" (2), Seite 48

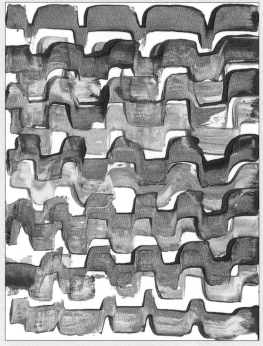

„Schriftkunst" (2), Seite 48

„Monotypie" (1), Seite 44

„Monotypie" (1), Seite 44

„Seerosen" (4), Seite 82

„Seerosen" (4), Seite 82

„Die Sternennacht" (4), Seite 84

„Stillleben mit Äpfeln und Orangen" (4), Seite 78

„Spiel mit dem Profil" (4), Seite 140

„Profil-Skulptur"
(1), Seite 142

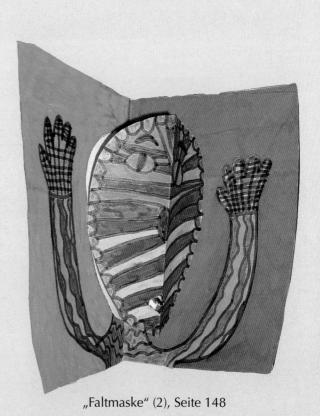

„Faltmaske" (2), Seite 148

„Wechselnde Gesichter" (3), Seite 138

„Schatten und Licht" (3), Seite 58

„Tierdarstellungen der Aborigines" (3), Seite 10

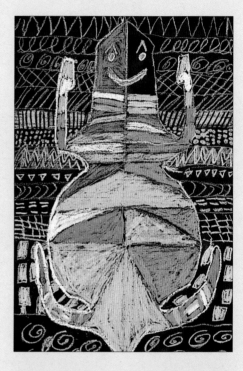

„Zieh mich an!" (1), Seite 56

„Der Pfau" (2), Seite 102

Gemeinschaftsarbeit

„Gemeinschaftliches Kunstwerk" (5), Seite 86

Pommes et oranges,
Paul Cézanne
© Photo RMN –
D. Arnaudet/G.B.

13 Flachrelief

Ziele
- eine neue Technik ausprobieren
- eine Fläche in ein Relief verwandeln
- Fantasie entwickeln

Material
- weißes Tonpapier (ca. DIN A4)
- farbige Tinte
- Gips
- Flachpinsel (Nr. 8 und Nr. 20)
- Gouache/Temperafarben

Dauer
- $1\frac{1}{2}$ Zeitstunden

Anschauungsmaterial
- Werke von Jean Dubuffet und Jean Fautrier

Arbeitsanleitung

Den Gips anrühren (breiförmige Konsistenz).

Mit einer Kelle eine Portion Gips auf das Papier bringen (Abb. 1).

Den Gips mit dem Flachpinsel Nr. 20 unregelmäßig auf der gesamten Blattfläche verteilen (Abb. 2). Dabei zügig vorgehen. Trocknen lassen.

Den Unebenheiten folgend mit dem Flachpinsel Nr. 8 und schwarzer Gouache/Temperafarbe in kleine Flächen aufteilen. Das Ergebnis betrachten und herausarbeiten, woran die Formen erinnern.

Farbig ausgestalten (Abb. 3).

Hinweise:
- *Der Gips kann mit Tinte oder Gouache/Temperafarbe gefärbt werden.*
- *Für das Verteilen des Gipses können unterschiedliche Hilfsmittel verwendet werden.*
- *Nach dem Trocknen vorsichtig mit dem Relief umgehen.*

Abb. 1

Abb. 2

Abb. 3

14 Monotypie

Ziele
- neue Arbeitsgeräte ausprobieren
- mit Zufallseffekten arbeiten
- Kreativität entwickeln

Material
- Glas- oder Plexiglasplatte
- Gouache/Temperafarbe
- Papier

Dauer
- 2 Zeitstunden

Anschauungsmaterial
- Werke von Edgar Degas, Max
  Ernst und Oscar Domiguez

Arbeitsanleitung

Verschiedene Farbkleckse auf der gesamten Glas- bzw. Plexiglasplatte verteilen. Darauf achten, dass Kleckse gleicher Farbe nicht
direkt nebeneinander angeordnet sind (Abb. 1).

Vorsichtig ein dünnes Blatt Papier auf die bemalte Platte legen
(Abb. 2).

Durch festes Streichen mit der Hand oder durch Abrollen mit
einer Rolle bzw. einer Flasche einen Farbabdruck auf dem Blatt
erstellen (Abb. 3).

Das Blatt abziehen, sodass der Farbabdruck zum Vorschein kommt
(Abb. 4).

Variante

Die Platte nur mit einer einzigen Farbe bestreichen (Abb. 5).

Papierstreifen ausschneiden und in Form eines Baums auf der
noch frischen Farbe anordnen (Abb. 6).

Ein dünnes Blatt Papier auf die Platte legen, fest aufdrücken und
wieder abziehen: Der Baum erscheint als Negativ (Abb. 7).

*Hinweis: Ältere bzw. fortgeschrittenere Kinder können den
Abdruck, wenn er getrocknet ist, zu einer Landschaft oder einer
freien Komposition weiter ausarbeiten.*

14

Abb. 1

Abb. 2

Abb. 3

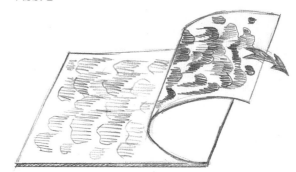

Abb. 4

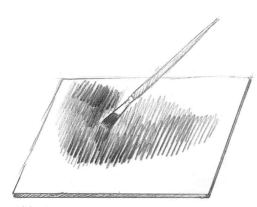

Abb. 5

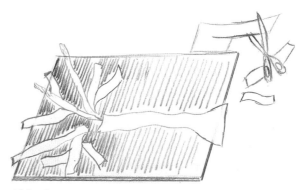

Abb. 6

Abb. 7

15 Frottage

Ziele

- grafisch experimentieren
- auf einer strukturierten Unterlage arbeiten
- Zufallseffekte berücksichtigen
- Kreativität entwickeln

Material

- Wellpappe
- ungeschliffene Holzbretter
- kleines Lüftungsgitter o. Ä.
- Bleistift (2B)
- weißes Papier

Dauer

- 2 Zeitstunden

Anschauungsmaterial

- Werke von Max Ernst und Pierre Alechinsky

Arbeitsanleitung

Die Aufgabe besteht darin, durch Frottage die strukturierte Oberfläche verschiedener, einfacher Gegenstände auf Papier zu übertragen.

Ein dünnes Blatt Papier auf Wellpappe legen. Mit einem weichen Bleistift (2B) leicht abrubbeln, sodass eine Reihe von Linien erscheint (Abb.1).

Das Gleiche zum Beispiel mit einem rauen Holzbrett oder einem kleinen Lüftungsgitter ausprobieren (Abb. 2).

Die Übung mehrmals wiederholen, dabei unterschiedliche Frottagemuster erzeugen: Parallel, diagonal oder kreisförmig angeordnete Streifen, Gittermuster usw. (Abb. 3).

Figuren aus der Frottage ausschneiden (Fisch, Schlange, Baum …). Die Figuren beliebig zusammenstellen und aufkleben (z.B. Fisch oder Schlange auf schwarzem Hintergrund) (Abb. 4 und 5).

Varianten

Eine ganze Blattfläche durch Frottage gestalten, anschließend mit Buntstiften aus den Strukturen eine Landschaft entstehen lassen.

Alternativ kann die Frottage auch in kleine Quadrate zerschnitten und zu einer abstrakten Komposition verarbeitet werden.

15

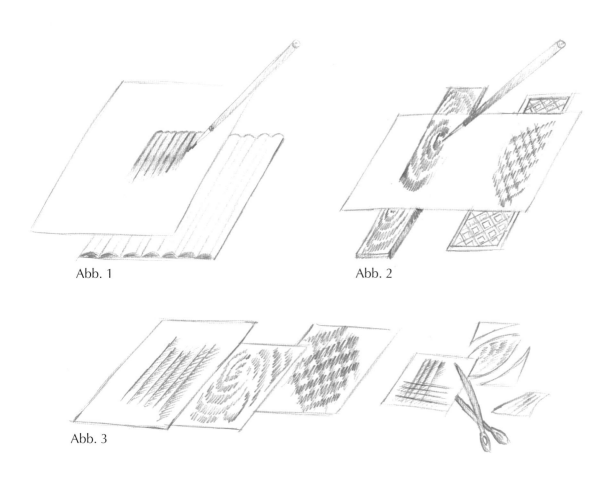

Abb. 1

Abb. 2

Abb. 3

Abb. 4

Abb. 5

16 | Schriftkunst

Ziele
- mit neuem Material experimentieren
- Strukturen und Anordnungen untersuchen
- eine Einführung in die Kalligraphie erhalten

Material
- schwarze Gouache/Temperafarbe
- weißer Fotokarton
- fester Karton
- Schere

Dauer
- 1 Zeitstunde

Anschauungsmaterial
- Werke von Frank Kline und Pierre Soulages
- arabische und chinesische Schriftzeichen

Arbeitsanleitung

Vorschlag A

Den Fotokarton mit einer dicken Schickt schwarzer Gouache/Temperafarbe bedecken (Abb. 1).

Aus festem Karton einen Streifen ausschneiden (Abb. 2).

Die noch frische Farbe mit dem Kartonstreifen abschaben, sodass die weiße Farbe des Fotokartons wieder sichtbar wird (Abb. 3).

Es können bestimmte Streifenmuster (horizontal, vertikal, schräg …) oder ein Thema (das Meer, eine Explosion, Geschwindigkeit) vorgegeben werden (Abb. 4, 5 und 6).

Vorschlag B

Den Kartonstreifen als Schreibutensil benutzen. In die Farbe eintauchen und über den Fotokarton fahren lassen.

Den Schülern Beispiele für arabische oder chinesische Schriftzeichen zeigen.

Den Kartonstreifen so bewegen, dass vertikale, schriftähnliche Muster entstehen (Abb. 7).

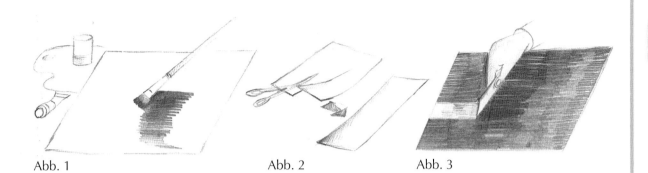

Abb. 1   Abb. 2   Abb. 3

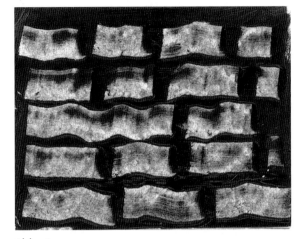

Abb. 4

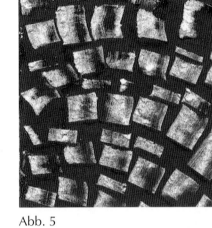

Abb. 5

Abb. 6

Abb. 7

17 Korallenriff

Ziele
- lernen, die gesamte Blattfläche auszufüllen
- die Dosierung von Gouache/Temperafarbe üben
- den Umgang mit dem Pinsel üben
- eine Farbpalette anlegen

Material
- weißes Tonpapier (ca. DIN A4)
- Gouache/Temperafarbe (in den drei Primärfarben, Schwarz und Weiß)
- Flachpinsel (Nr. 20 und Nr. 4)

Dauer
- 1 Zeitstunde

Anschauungsmaterial
- Bilder von Meerestieren und -pflanzen

Arbeitsanleitung

Mit dem Flachpinsel Nr. 20 in geschwungenen, horizontalen Streifen, die an bewegtes Wasser erinnern sollen, das gesamte Blatt mit verschiedenen Blautönen ausmalen (Cyanblau, Cyanblau + wenig Magentarot, Cyanblau + wenig Gelb, Cyanblau + Weiß) (Abb. 1 und 2).

Vom unteren Blattrand ausgehend die „Äste" der Korallen mit unverdünnter Farbe (Blau + Rot) tupfend aufmalen. Die Pinsel gründlich säubern und anschließend mit den zur Verfügung stehenden Farben eine zweite Reihe Korallen malen. Ermuntern Sie die Kinder, aus immer zwei Farben eine neue Farbe zu mischen (am besten mit dem Flachpinsel Nr. 4).

Seeanemonen, Seesterne usw. ergänzen (Abb. 3).

Mit dem Flachpinsel Nr. 4 Farbtupfer in verschieden farbigen Gruppen setzen; diese sollen Fischschwärme darstellen (Abb. 4). Mit einem schwarzen Filzstift (mittlere Stärke) in jeden Tupfer einen Punkt als Auge malen.

Hinweis: *Die Kinder sollen versuchen, möglichst viele Farben zu finden.*

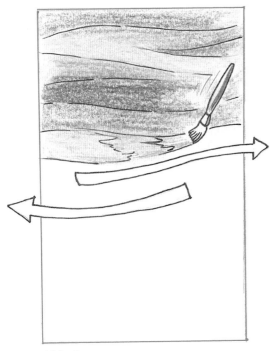

Abb. 1

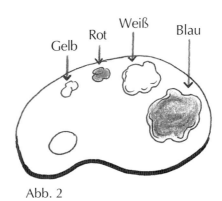

Gelb Rot Weiß Blau

Abb. 2

Abb. 3

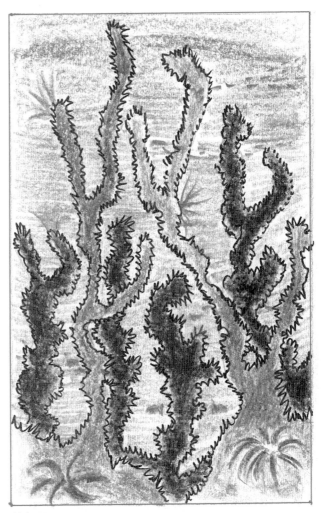

Abb. 4

18 | Unterbrochene Linien

Ziele
- eine Fläche durch Bekleben gestalten
- mit den Formen spielen
- ein Kunstwerk kennenlernen

Material
- weißes Tonpapier (ca. DIN A4)
- farbiges Papier
- Schere
- Kleber
- Pinsel
- schwarze Gouache/ Temperafarbe

Dauer
- $1^1/_2$ Zeitstunden

Anschauungsmaterial
- Paul Klee: *Harmonisierter Kampf*

Arbeitsanleitung

Den Schülern steht Papier (ca. DIN A6) in einer Auswahl von Farben zur Verfügung.

Eine Farbskala von 4-5 warmen oder kalten Farben zusammenstellen. Jedes Blatt mit geraden Schnitten in 5-6 Teile zerschneiden (Abb. 1).

Die Teile beliebig zusammenfügen und festkleben, sodass das gesamte weiße Blatt abgedeckt wird. Sie können aneinander-, besser noch übereinanderliegen (Abb. 2).

Wenn einzelne Papierstücke über den Blattrand hinausragen, das Blatt umdrehen und alles Überstehende abschneiden (Abb. 3).

Mit dem Pinsel einige der geraden Grenzlinien zwischen den Farbteilen nachfahren. Einzelne Trennlinien dürfen sich berühren, die Farbteile sollten aber nicht eingerahmt werden (Abb. 4).

Hinweise:
- *Vorsicht: Manche Kinder neigen dazu, die Papierteile zu klein zu schneiden.*
- *Die ausgewählten Farben gut verteilen.*
- *Um eine Farbskala zu vervollständigen, können, wenn nötig, mit einer Farbrolle ganze Bogen farbig angestrichen werden.*

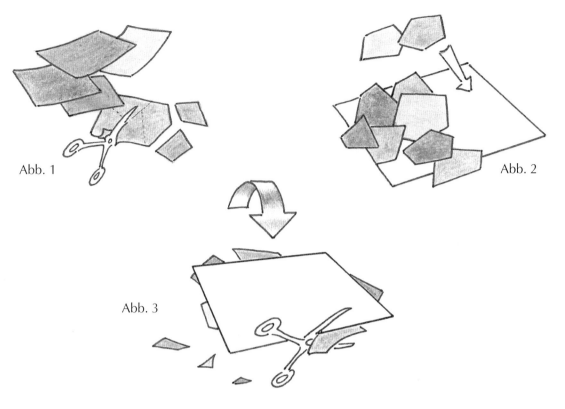

Abb. 1

Abb. 2

Abb. 3

Abb. 4

19 | Collage

Ziele
- eine Fläche ausfüllen
- Kunstwerke kennenlernen
- mit Linien spielen
- Farbe und Bild voneinander trennen

Material
- weißes Tonpapier (ca. DIN A4)
- farbiges Papier (ca. DIN A5)
- Schere
- Klebstoff
- schwarze Gouache/ Temperafarbe
- Pinsel

Dauer
- 1 Zeitstunde

Anschauungsmaterial
- Werke von Fernand Léger (A) und Paul Klee (B)

Arbeitsanleitung

Vorschlag A

Das farbige Papier in 5-6 quadratische oder rechteckige Teile zerschneiden. Diese auf dem weißen Blatt so verteilen und aufkleben, dass sie sich gegenseitig nicht berühren (Abb. 1). Ein Thema wählen (z. B. Blumen, Tiere, Menschen …). Ohne nun auf die aufgeklebten Abschnitte zu achten, mit einem Pinsel die gesamte Fläche mit einem einfachen, wiederkehrenden Motiv bemalen.

Vorschlag B

Genauso vorgehen wie bei Vorschlag A, diesmal die Papierteile in größtmöglichem Abstand zueinander vertikal und horizontal aufkleben. Nicht alle Teile sollten den Blattrand berühren (Abb. 2).

Mit dem Pinsel auf dem ganzen Blatt in horizontalen und vertikalen Linien die Quadrate und Rechtecke umfahren, ohne diese zu berühren.

Hinweis: Die einzelnen Arbeiten können zu einem sehr eindrucksvollen Gesamtwerk zusammengefügt werden. Die Bilder von Vorschlag A nach Themen sortieren.

19

Abb. 1

Abb. 2

20 | Zieh mich an!

Ziele
- eine Anordnung von Formen erarbeiten
- assoziieren und verwandeln
- grafisch gestalten

Material
- weißes Tonpapier (ca. DIN A4)
- schwarzes Tonpapier (ca. DIN A3)
- Lineal
- Filzstifte
- Pinsel
- Schere
- Klebstoff
- Ölpastelle

Dauer
- 3 Zeitstunden

Arbeitsanleitung

Jeder Schüler bekommt rechteckige, weiße Tonpapierstücke.

Jedes Rechteck mit beliebigen Mustern aus Linien, Punkten, Bögen usw. farbig ausgestalten (Abb. 1).

Auf der Rückseite jedes Rechtecks den Umriss eines Kleidungsstücks zeichnen (T-Shirt, Hose, Rock, Kleid usw.). Ausschneiden (Abb. 2 und 3).

Die Kleidungsstücke auf dem schwarzen Tonpapier zu Figuren zusammenfügen und aufkleben. Mit Ölpastellen die Köpfe, Arme, Füße usw. aufmalen (Abb. 4).

Hinweis: Besprechen Sie mit den Kindern, wo an Armen und Beinen die Gelenke sind (jeweils zwei Glieder). Die Personen sollen in Bewegung sein.

20

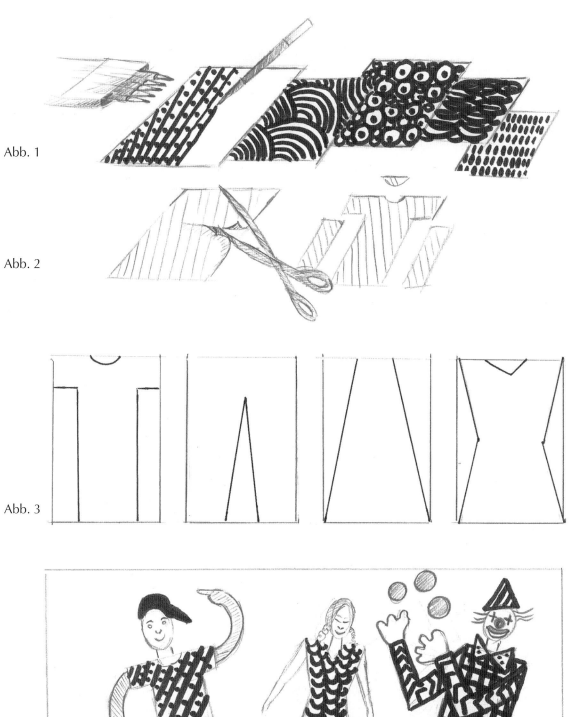

Abb. 1

Abb. 2

Abb. 3

Abb. 4

21 Schatten und Licht

Ziele
- sich mit der Symmetrie auseinandersetzen
- mit Licht und Schatten arbeiten
- Fantasie entwickeln

Material
- schwarzes Tonpapier (ca. DIN A4)
- weißes Tonpapier (ca. DIN A4)
- Schere
- Klebstoff

Dauer
- 2 Zeitstunden

Anschauungsmaterial
- Werke von Pablo Picasso und Jean Charles Blais

Arbeitsanleitung

Das schwarze Papier in der Mitte durchschneiden. Auf der einen Blatthälfte einen halben Kopfumriss zeichnen (mit dem Hals und dem Schulteransatz) (Abb. 1).

Sorgfältig ausschneiden, dabei auch das Außenstück nicht beschädigen oder wegwerfen (Abb. 2).

Das schwarze Außenstück und die schwarze Kopfhälfte achsensymmetrisch auf dem weißen Blatt anordnen und festkleben (Abb. 3).

Einen weißen und einen schwarzen Papierstreifen übereinanderlegen, um daraus gleichzeitig in Schwarz und in Weiß die Augen, die Nasen- und Mundhälften usw. auszuschneiden (Abb. 4). Die Schüler sollen dann nach Gefühl eine symmetrische Anordnung finden (Abb. 4).

Variante

Halbprofil im Stil von Picasso.

Ein stark vereinfachtes Profil (nach links ausgerichtet) auf schwarzes Tonpapier zeichnen und ausschneiden.

Das Profil auf weißes Tonpapier kleben, den linken Bereich des Blattes freilassen (Abb. 5).

Mit schwarzem Filzstift das Gesicht ausarbeiten, sodass sich aus dem Profil eine Frontalansicht entwickelt. Verschiedene Elemente ergänzen (Haare, Hut, Kleidung usw.) (Abb. 6).

21

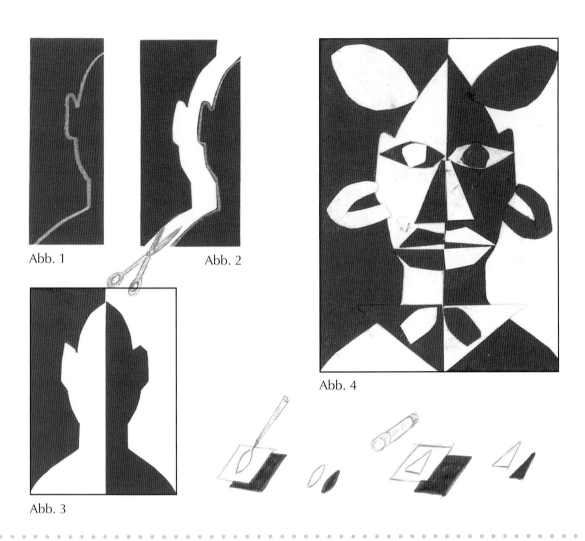

Abb. 1

Abb. 2

Abb. 3

Abb. 4

Abb. 5

Abb. 6

22 Fotomontage

Ziele
- Standartfotos verändern
- erfinderisch sein

Material
- farbige Tier- oder Modezeitschriften
- Tonpapier (ca. DIN A4)
- Schere
- Klebstoff

Dauer
- 3 Zeitstunden

Anschauungsmaterial
- Collagen von Jacques Prévert, Max Ernst und Georges Grosz

Arbeitsanleitung

Den einfachen, ovalen Umriss eines Kopfes mit Hals und Schulteransatz auf das Tonpapier zeichnen (Abb. 1).

Aus Zeitschriften kleine Haut-Rechtecke ausschneiden. Das Gesicht damit bekleben, die Rechtecke sollen sich überlappen (Abb. 2).

Ein lustiges Gesicht kreieren, dazu Teile aus unterschiedlichen Gesichtern zusammenwürfeln (Abb. 3).

Den Hintergrund entweder mit einem Mosaik aus kleinen Quadraten einer Farbe, einer Landschafts- oder einer Innenraum-collage (Tapete o. Ä.) ausgestalten (Abb. 3).

Variante

Aus einer Mischung von menschlichen und tierischen Gesichts-elementen das Gesicht eines Außerirdischen zusammensetzen (Abb. 4).

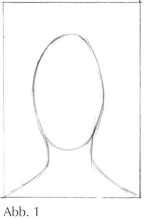
Abb. 1

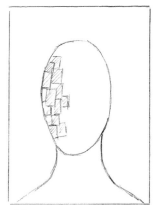
Abb. 2

Abb. 3

Abb. 4

23 Herr Füller und Frau Stuhl

Ziele
- Fantasie entwickeln
- mit Assoziationen arbeiten

Material
- farbige Zeitschriften
- Tonpapier (ca. DIN A4)
- Schere
- Klebstoff

Dauer
- 2 Zeitstunden

Anschauungsmaterial
- Werke von Raoul Hausmann, Hervé Di Rosa und Max Ernst

Arbeitsanleitung

Großformatige Bilder von einfachen Gegenständen (Stuhl, Messer, Kugelschreiber, Handschuh …) aus Zeitschriften ausschneiden.

Bilder von menschlichen Körperteilen (Augen, Nase, Mund, Ohren, Beine, Füße …) ebenfalls ausschneiden.

Augen auf eine Stuhllehne oder Beine unter einen Kugelschreiber kleben usw., sodass sich die Gegenstände in Figuren verwandeln.

Durch Collage einen Hintergrund zusammenstellen, z. B. mit „Gabelbäumen" oder „Schokoladenwolken", und die Fantasiefiguren darauf platzieren.

Hinweise:
- *Gegenstände wählen, die frei von Schriftzügen und anderen Verzierungen sind, damit Augen, Mund usw. gut zur Geltung kommen.*
- *Die Elemente abpausen, auf ein anderes Blatt übertragen und beliebig mit Farbe ausgestalten.*

23

24 | Strukturcollage

Ziele
- Standartformen verwandeln
- eine Anordnung erarbeiten
- Kreativität entwickeln

Material
- weißes und schwarzes Ton-papier (ca. DIN A4)
- farbige Zeitschriften
- Bleistift (HB)
- Schere
- Klebstoff
- Pauspapier

Dauer
- 3 Zeitstunden

Arbeitsanleitung

Mit Bleistift eine gefüllte Obstschale in einfachen Umrisslinien auf das weiße Papier zeichnen (Abb. 1).

Die Zeichnung auf Pauspapier pausen.

Fotos von unterschiedlichen Streifenmustern aus den Zeitschriften heraussuchen. Die abgepausten Formen der Früchte und der Schale darauf übertragen, ausschneiden und aufkleben (Abb. 2).

Variante

Nach gleichem Prinzip vorgehen, diesmal Fotos von verschiedenen Strukturen wie Sand, Gestein, Holz, Glas, Stroh o. Ä. verwenden (Abb. 3).

Hinweise:
- *Das Sammeln von „Strukturen" bietet viele Möglichkeiten. So lässt sich zum Beispiel zum Thema „Sand" ein Bild zusammenstellen, bei dem jedes Element aus einem anderen Sand-Foto (unterschiedliche Farbe, Körnung) ausgeschnitten wird.*
- *Ein schwarzer Hintergrund kann die Früchte gut zur Geltung kommen lassen.*

Abb. 1

Abb. 2

Abb. 3

25 | Eine Frage des Stils ...

Arbeitsanleitung

Jedes Kind erhält drei Schwarz-Weiß-Kopien von Fotos berühmter Bauwerke unterschiedlicher Baustile (Abb. 1).

Die Bauwerke sorgfältig aus- und zerschneiden und daraus eine kleine Sammlung von Dächern, Säulen, Türen, Fenstern usw. zusammenstellen (Abb. 2).

Durch Kombination der ausgeschnittenen Elemente ein neues Bauwerk konstruieren. Dazu können verschiedene Vorgaben gemacht werden, beispielsweise dass in die Höhe, in Form einer Pyramide, treppenartig oder in einer anderen Art und Weise gebaut werden soll (Abb. 3).

Die Fotokopien direkt mit Filzstift ausmalen oder das Bild auf ein anderes Blatt übertragen (pausen) und erst dann ausmalen. Ein passendes Umfeld für das Bauwerk gestalten (Abb. 4).

Hinweis: *Postkarten mit Bildern von Bauwerken können eine gute Hilfestellung geben.*

Abb. 1

Abb. 2

Abb. 3

Abb. 4

26 Anamorphose (Porträt)

Ziele
- ein technisches Gerät für künstlerische Zwecke verwenden
- stereotype Bilder umgestalten
- mit dem Ausdruck arbeiten: Annäherung an die Karikatur

Material
- Schwarz-Weiß-Kopiergerät
- weißes Papier (DIN A4)
- schwarzer Filzstift oder Filzstifte mit Pinselspitze
- Füller

Dauer
- $^1/_2$ Zeitstunde

Anschauungsmaterial
- Werke von Francis Bacon

Arbeitsanleitung

Ein kontrastreiches Schwarz-Weiß-Porträtfoto wählen (Abb. 1).

Mit dem Kopiergerät auf DIN-A4-Format vergrößern.

Die Aufgabe besteht darin, die Bildvorlage während der Belichtung im Kopiergerät zu bewegen, um dadurch das Bild zu verzerren.

Beispiele: leicht diagonal ziehen (Abb. 2), schräg von oben ziehen (Abb. 3), parallel zum Belichtungsverlauf von unten ziehen (Abb. 4).

Variante 1

Einen Teil der Kopie auf weißes Tonpapier (DIN A3) kleben und in beliebiger Zeichentechnik das Bild fortsetzen, dabei die Verzerrung herausarbeiten.

Variante 2

Das verzerrte Porträt kann auch abgepaust, auf Tonpapier übertragen und beliebig mit Filzstiften ausgemalt werden.

26

Abb. 1

Abb. 2

Abb. 3

Abb. 4

27 | Anamorphose (Bauwerk)

Ziele
- ein technisches Gerät für künstlerische Zwecke verwenden
- die Ausrichtung eines Bildes verändern
- ein einfaches Bild durch „Modellierung" verändern
- zeitgenössische Kunst kennenlernen

Material
- Schwarz-Weiß-Kopiergerät
- weißes Papier (DIN A4)

Dauer
- $\frac{1}{2}$ Zeitstunden

Anschauungsmaterial
- Werke von Pol Bury und Gerhard Richter

Arbeitsanleitung

Ziel ist es, ein Bauwerk zu verzerren und dadurch seine ursprüngliche Struktur „aufzulösen".

Ein leicht erkennbares Bauwerk auswählen (z. B. den Eiffelturm).

Ein Foto oder eine Postkarte des Bauwerks mit dem Kopiergerät auf DIN-A4-Format vergrößern.

Die Vorlage auf den Kopierer legen und während der Belichtung langsam bewegen. Dabei darauf achten, dass die Scheibe nicht verkratzt wird.

Beispiele: Drehbewegung (Abb. 1), wellenförmige Bewegung (Abb. 2), ziehende Bewegung (Abb. 3).

Die Übung führt zu grafisch sehr interessanten Ergebnissen. Diese können untersucht und für Bildkompositionen verwendet werden, beispielsweise zu den Themen Bewegung, Geschwindigkeit oder Fall.

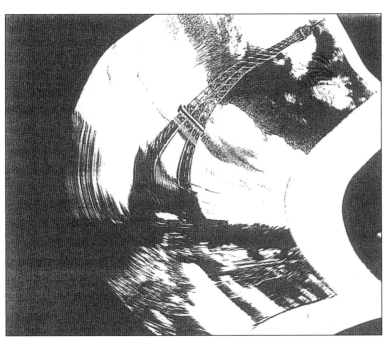

27

Abb. 1

Abb. 2

Abb. 3

28 | Copy Art

Ziele

- eine neue Arbeitstechnik anwenden
- mit Bildausschnitten experimentieren
- vergrößern und einrahmen,
- zeitgenössische Kunst kennenlernen

Material

- Schwarz-Weiß-Kopierer
- weißes Papier (DIN A4)
- kontrastreiches Schwarz-Weiß-Foto
- Schere
- Filzstifte (evtl. mit Pinselspitze)

Dauer

- 2 Zeitstunden

Anschauungsmaterial

- Werke von Gilbert and Georges und Andy Warhol

Arbeitsanleitung

Ein kontrastreiches Porträtfoto in Frontalsicht auswählen (vorzugsweise in Schwarz-Weiß) (Abb. 1).

Eine erste Kopie in DIN-A4-Format anfertigen.

Ein Detail ausschneiden (Auge, Mund, Ohr …) (Abb. 2).

Den Ausschnitt mit der Vergrößerungstaste sukzessive vergrößern: zunächst auf 110 %, dann auf 120 % und schließlich bis auf 200 %. Durch die Vergrößerung entstehen sehr interessante grafische Effekte (Linienmuster, Strukturen) (Abb. 3).

Diese Muster in der anschließenden farbigen Ausgestaltung mit Filzstiften herausarbeiten.

Die ausgemalten Kopien ausschneiden und frei zusammenfügen (pyramiden- oder kreisförmig, nach Größe sortiert …) (Abb. 4). Jede Kopie mit dickem schwarzem Filzstift umfahren und auf diese Weise den Ausschnitt „einrahmen".

Abb. 1

Abb. 2

Abb. 3

Abb. 4

29 | Kubistische Fotografie

Ziele
- mit einem Fotoapparat arbeiten
- Perspektiven kennenlernen
- durch Zusammenfügen von Bildteilen die Sicht auf einen Gegenstand verändern
- eine Einführung in den Kubismus erhalten

Material
- einfacher Fotoapparat
- Schere
- Klebstoff
- Tonpapier (ca. DIN A4)

Dauer
- 2 Zeitstunden

Anschauungsmaterial
- Werke von David Hockney, Pablo Picasso, Juan Gris, Georges Braque, Jan Dibbets

Arbeitsanleitung

Einen einfachen Gegenstand wählen (z.B. Gitarre, Flasche, Glas).

Den Gegenstand vor einem weißen Hintergrund platzieren und in verschiedenen Ansichten fotografieren: von vorne, von hinten, von der Seite, in Dreiviertel-Ansicht, in Nahaufnahme usw. (Abb. 1).

Sieben oder acht gelungene Fotoabzüge auswählen. Den abgebildeten Gegenstand jeweils horizontal oder vertikal in der Mitte durchschneiden.

Die Bildteile auf dem Tonpapier zusammenfügen, sodass eine Komposition entsteht, die einen Blick auf alle Seiten des Gegenstandes vermittelt.

Die Bildteile auf der Blattfläche so anordnen, dass die Lücken möglichst gleichmäßig verteilt sind (Abb. 2).

29

Abb. 1

Abb. 2

30 | Die Erwartung von Gustav Klimt

Ziele
- ein Kunstwerk analysieren
- Bildmaterial suchen, das in einen neuen Bildkontext passt
- Kreativität entwickeln

Material
- weißes Tonpapier (ca. DIN A4)
- farbige Zeitschriften oder Kataloge (Mode, Einrichtung)
- Schere
- Klebstoff

Dauer
- 3 Zeitstunden

Anschauungsmaterial
- Werke von Gustav Klimt

Arbeitsanleitung

Zeigen Sie den Kindern, wenn möglich, vorab eine Reproduktion des Gemäldes „Die Erwartung" von Gustav Klimt.

Aus Mode- oder Einrichtungszeitschriften bzw. - katalogen Muster in vorwiegend Gelb- und Goldtönen ausschneiden (Abb. 1).

Mit dem Lineal ein Dreieck über die gesamte Blattfläche zeichnen (Abb. 2).

Die obere Spitze des Dreiecks wegradieren und an diese Stelle einen einfachen Frauenkopf in Dreiviertel-Ansicht oder im Profil zeichnen (Abb. 3).

Für die Kleidfläche Dreiecke unterschiedlicher Größen zurechtschneiden. In Form eines Mosaiks zusammenfügen (Abb. 4).

Den Hintergrund und den Boden mit großen Musterstücken bekleben (Arabesken oder verschiedene Motive) (Abb. 5).

30

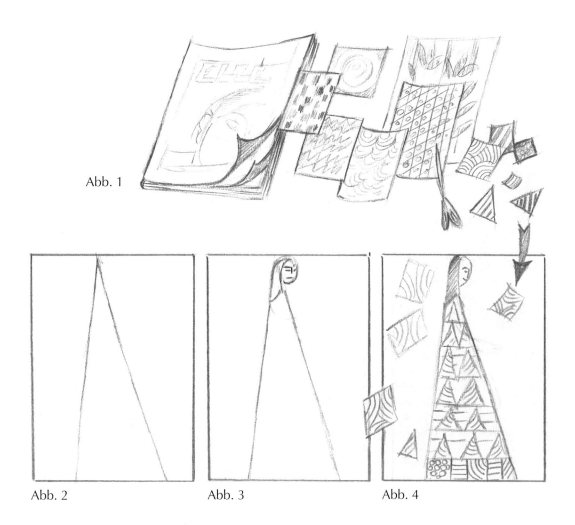

Abb. 1

Abb. 2

Abb. 3

Abb. 4

Abb. 5

31 Stillleben mit Äpfeln und Orangen
von Paul Cézanne

Ziele
- sich praktisch mit einem Kunstwerk auseinandersetzen
- eine „Komposition" analysieren
- Farbskalen kennenlernen

Material
- Schwarz-Weiß-Kopie des Gemäldes „Stillleben mit Äpfeln und Orangen" von Cézanne (siehe Seite 41)
- Gouache/Temperafarbe
- Pinsel (Nr. 12 und Nr. 6)
- Lineal
- Bleistift (HB)

Dauer
- 3 Zeitstunden

Arbeitsanleitung

Die Aufgabe besteht darin, das Gemälde durch direktes Auftragen von Farbe auf die Fotokopie in warme und kalte Farbabschnitte zu gliedern.

Das Bild in Längsstreifen teilen, warme und kalte Farbskalen abwechselnd einsetzen (Abb. 1).

Man kann auch ein Gitter aus vertikalen und horizontalen Linien (Abb. 2) über das Bild legen oder es mit diagonalen Linien aufteilen (Abb. 3).

Variante

Die erste Bildebene (Tuch, Obstschale, Obst) ausschneiden, auf ein weißes Blatt kleben und die zweite Ebene erfinden.

Oder – umgekehrt – die zweite Bildebene ausschneiden, auf ein weißes Blatt kleben und die „Lücken" des herausgeschnittenen Stilllebens beliebig ausgestalten.

kalt | warm | kalt | warm

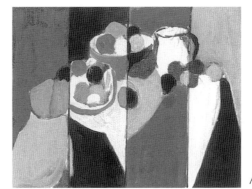

Abb. 1

warm

Braun

Rot   Gelb

Orange Rosa

Blau   Grün

Violett

kalt

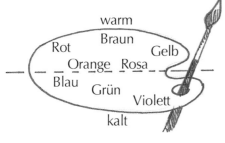

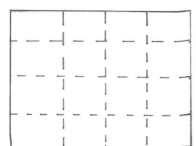

Abb. 2

Abb. 3

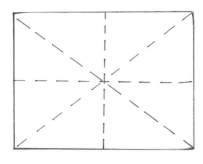

32 Eine Kunstfigur verselbstständigt sich ...

Ziele
- sich spielerisch mit einem Kunstwerk auseinandersetzen
- Fantasie entwickeln

Material
- Schwarz-Weiß-Kopien von berühmten Kunstwerken
- weißes Tonpapier (ca. DIN A3)
- Filzstifte

Dauer
- 2 Zeitstunden

Anschauungsmaterial
- Werke von Marcel Duchamp, Erró und Salvador Dalí

Arbeitsanleitung

Jeder Schüler erhält eine Schwarz-Weiß-Kopie von einem sehr berühmten Kunstwerk, in dem eine einzelne Person im Vordergrund steht (Beispiele: die Venus von Milo, Der Denker von Rodin, Der sitzende Schreiber, die Mona Lisa) (Abb. 1, 3, 5).

Die Person ausschneiden und auf das Blatt kleben.
Neue Kleidung und eine neue Frisur erfinden.
Der Venus Arme malen, dem Denker Stiefel usw.
Die neue Person in ein beliebiges Umfeld setzen (Konzertsaal, Himmel …) (Abb. 2, 4, 6).

Variante 1

Die gleiche Aufgabe, nur dass diesmal Kleidungsstücke und eine Landschaft aus farbigen Zeitschriften ausgeschnitten und aufgeklebt werden.

Variante 2

Die Kinder erhalten nur den Oberkörper der Person und sollen sie vervollständigen.

Hinweis: *Die Bilder sehr hell kopieren, damit auch die dunklen Stellen angemalt werden können.*

32

Abb. 1

Abb. 2

Abb. 3

Abb. 4

Abb. 5

Abb. 6

33 Die Seerosen von Claude Monet

Ziele

- ein Kunstwerk analysieren
- sich mit der Farblehre auseinandersetzen
- Annäherung an die Kunstgeschichte
- mit Mustern arbeiten

Material

- weißes oder schwarzes Tonpapier (1/2 DIN A3, d. h. ca. 47 x 16 cm)
- Gouache/Temperafarbe
- Pinsel (Nr. 6 und Nr. 12)

Dauer

- 3 Zeitstunden

Anschauungsmaterial

- Bilder vom Seerosenteich von Claude Monet

Arbeitsanleitung

Zeigen Sie den Kindern eines der Bilder vom Seerosenteich von Claude Monet.

Gehen Sie auf die Besonderheit des breiten Formats ein, durch das die Horizontalität des Wassers besser dargestellt werden kann. Machen Sie auf die rhythmische Pinselführung, die zahlreichen Nuancen von Blau- und Grüntönen sowie das Fehlen einer Perspektive und des Himmels aufmerksam. Besprechen Sie mit den Kindern auch das „all over" des Werkes, d. h. die Lückenlosigkeit auf der Leinwand.

Die Farbpalette in der angegebenen Farbanordnung (Abb. 1) anlegen (auf einfachem Kopierpapier). Zwischen den aufgetragenen Farben ausreichend Platz für die Mischungen lassen.

Das Blatt mit einem Muster aus horizontalen Strichen in diversen Blautönen (Cyanblau und Cyanblau + Weiß) bedecken (Abb. 2), dazu den Pinsel Nr. 12 verwenden. Die Farbe nur mit wenig Wasser verdünnen.

Mit dem Pinsel Nr. 6 in kommaartigen Strichen eine Reihe von Blaugrün- und Blauvioletttönen darübersetzen, bis keine weißen Stellen mehr zu sehen sind (Abb. 3).

Das Bild trocknen lassen. Dann mit dem Pinsel in Hellgrün und Rot- oder Rosatönen die Seerosen aufmalen. Die Seerosen im unteren und in den seitlichen Bereichen des Blattes platzieren, um dadurch die Fläche „einzurahmen" (Abb. 4).

Hinweis: Die Schüler sollen sich ebenso lange mit der Palette beschäftigen wie mit dem Malen selbst.

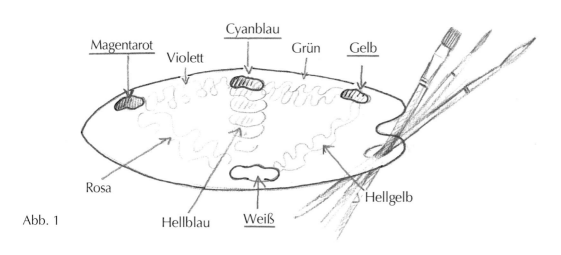

Abb. 1

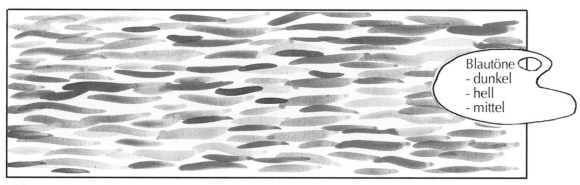

Abb. 2

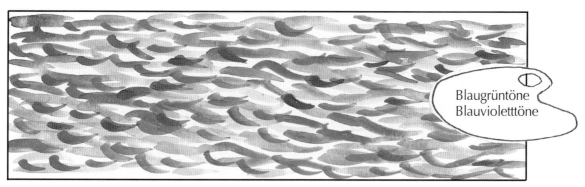

Abb. 3

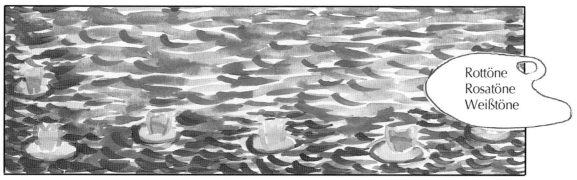

Abb. 4

34 Die Sternennacht von Vincent van Gogh

Arbeitsanleitung

Die Kinder betrachten eine Reproduktion des Gemäldes *Die Sternennacht* von Vincent van Gogh. Erläutern Sie den Einsatz der verschiedenen Blautöne (Camaieu), die wirbelartigen Muster, die Pinselführung usw.

Eine Wellenlinie diagonal über das Blatt ziehen (Abb. 1).

Eine flammenförmige Zypresse in einfachem Umriss vom unteren bis zum oberen Blattrand zeichnen. Ein paar Kreise und den Mond in den Himmel setzen (Abb. 2).

Mit dem Flachpinsel zuerst in einem Muster aus gleichmäßigen Strichen um die Kreise herum anmalen (Mischung aus Gelb und Weiß). Anschließend die Bodenfläche mit einem Muster aus diagonalen Strichen ausfüllen (Dunkelblautöne aus Blau + Rot) (Abb. 3).

Die Kreismuster im Himmel in verschiedenen Blautönen fortsetzen.

Die Zypresse mit dunklem Grün in „flammenartigem" Strichmuster ausmalen (Abb. 4).

Hinweise:
- *Die angegebene Anordnung der Farben auf der Palette einhalten.*
- *Zur Vereinfachung des Bildes die Zypresse weglassen.*

34

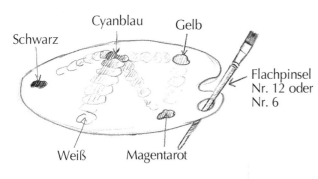

Schwarz · Cyanblau · Gelb · Weiß · Magentarot · Flachpinsel Nr. 12 oder Nr. 6

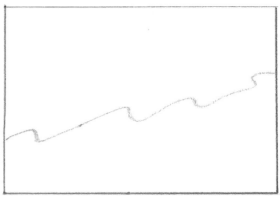

Abb. 1

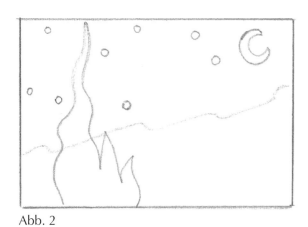

Abb. 2

Abb. 3

Abb. 4

35 Gemeinschaftliches Kunstwerk

Ziele
- gemeinschaftlich arbeiten
- sich mit einem Kunstwerk auseinandersetzen
- den Maßstab verändern

Material
- weißes Tonpapier
- Lineal
- Bleistift
- nach Belieben: Filzstifte, Gouache/Temperafarbe, Buntstifte

Dauer
- 4 Zeitstunden

Anschauungsmaterial
- Werke von Joan Miró

Arbeitsanleitung

Ein modernes Kunstwerk (abstrakt oder gegenständlich) mit klaren Formen und Farbflächen auswählen (Abb. 1). Es eignen sich beispielsweise Werke von Paul Klee, Kandinsky, Picasso, Léger, Matisse, Braque oder Miró (siehe Beispiel in den Abbildungen).

Eine Abbildung des Kunstwerks in so viele Teile zerschneiden, wie es Schüler in der Klasse gibt (Abb. 2). Jedes Kind erhält nun einen Abschnitt (Abb. 3).

Die Schüler übertragen mithilfe eines Rastergitters das Teilstück in Vergrößerung auf ein anderes Blatt. Dabei müssen sie sich genau am Gitter orientieren (Abb. 4).

Die Bildfläche anschließend frei ausgestalten (Schwarz-Weiß-Zeichnung, Farbe, Pointillismus, Farbabstufungen …).

Sind alle Bildteile angemalt, werden sie wieder zu einem Gesamtwerk zusammengetragen. Das Gemälde erscheint somit in einer neuen „Interpretation" (Abb. 5).

Hinweise:
- *Die gerasterten Blätter vorbereiten, um den Vergrößerungsvorgang zu erleichtern.*
- *Die Umrisszeichnungen auf den einzelnen Abschnitten sorgfältig prüfen, damit hinterher die Übergänge genau passen.*
- *Ein Kunstwerk mit wenigen Details wählen.*

35

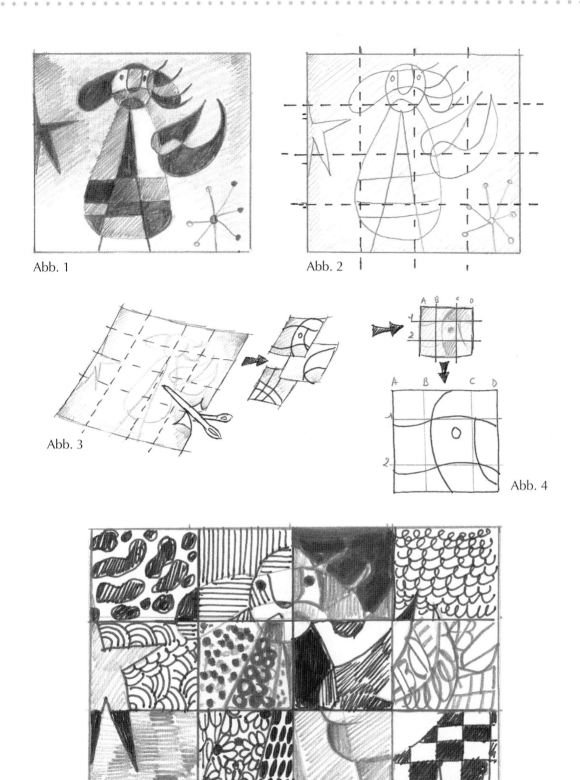

Abb. 1

Abb. 2

Abb. 3

Abb. 4

Abb. 5

36 „Support/Surface"

Ziele

- Formenanordnungen entwickeln
- eine Fläche aufteilen
- Annäherung an die Kunstgeschichte
- die Künstlergruppe „Support/Surface" kennenlernen

Material

- weißer Fotokarton
- farbiges Papier
- Gouache/Temperafarbe
- Flachpinsel
- Schere
- Klebstoff

Dauer

- 2 Zeitstunden

Anschauungsmaterial

- Werke der Künstlergruppe „Support/Surface"

Arbeitsanleitung

Ein kleines Stück Fotokarton in der Mitte falten und auf eine Seite der Faltlinie eine einfache Formkontur zeichnen (Abb. 1).

Die Form doppelt ausschneiden (Abb. 2), um eine Schablone herzustellen (Abb. 3).

Mithilfe der Schablone die Form auf Farbpapier- oder vorab angemalten Tonpapierstreifen übertragen. Dabei mit dem farbgetränkten Flachpinsel (ohne Wasser) sanft über das Papier reiben (Abb. 4).

Verschiedene Farben verwenden, um eine abwechslungsreiche Streifen-Zusammenstellung zu erhalten (Abb. 5).

Die Streifen in kleine Rechtecke oder Quadrate zerschneiden.

Die Abschnitte lückenlos auf der gesamten Fläche eines DIN-A4-Blattes zusammenfügen. Die Ausrichtung der Form sollte nach Möglichkeit variieren (Abb. 6 und 7).

Variante

Gleiches Prinzip, wobei diesmal die Form in farbigem Streifenmuster mit der Schablone auf das Papier übertragen wird (Abb. 7).

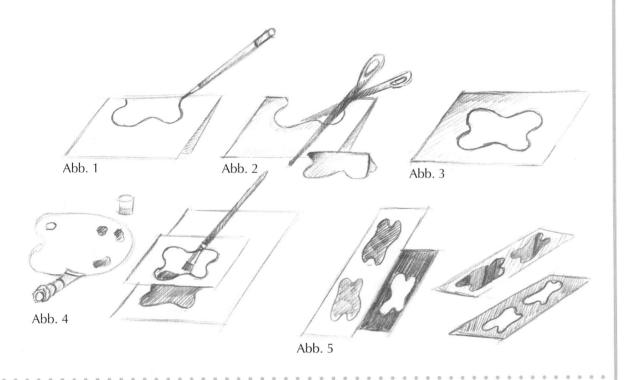

Abb. 1

Abb. 2

Abb. 3

Abb. 4

Abb. 5

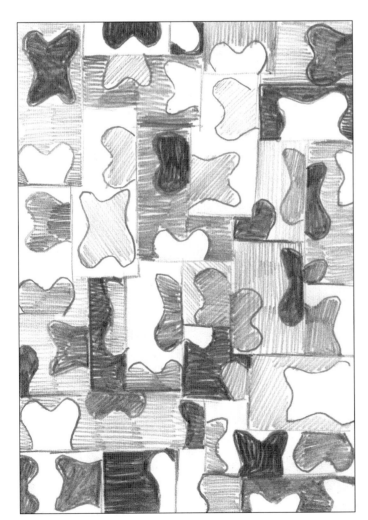

Abb. 6

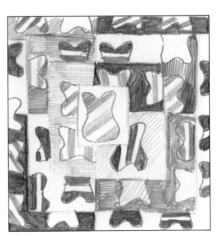

Abb. 7

37 | Horizontal, vertikal

Ziele
- Einführung in die Geometrie
- Annäherung an die Kunst-geschichte

Material
- Tonpapier (DIN A4)
- Geodreieck
- Lineal
- Bleistift (HB)
- Gouache/Temperafarbe
- Pinsel (Nr. 6 oder Nr. 12)

Dauer
- 3 Zeitstunden

Anschauungsmaterial
- Werke von Piet Mondrian, Theo van Doesburg und Georges Vantongerloo

Arbeitsanleitung

Unter der Vorgabe „horizontal – vertikal" (oder: längs und quer) mithilfe des Geodreiecks und des Lineals eine individuelle Kom-position erstellen (Abb. 1). Die Blattränder als Orientierungshilfe nutzen und das Geodreieck auf dem Lineal verschieben, um saubere rechte Winkel zu erhalten.

Die Rechtecke oder Quadrate in den Primärfarben ausmalen (Rot, Gelb, Blau), dazwischen auch Flächen weiß lassen (Abb. 2).

Die weißen Flächen mit Gouache/Temperafarbe ausmalen (leicht getöntes Weiß).

- Abb. 3: Einzelne Linien sind enger gesetzt, sodass der Eindruck eines Stadtplans entsteht.

- Abb. 4: Durch die sehr eng angelegten Linien wirkt das Ganze wie eine Häuserfront.

- Abb. 5 und 6: Kompositionen innerhalb einer Raute oder eines Kreises.

Hinweis: *Nach der Bearbeitung mit der Farbe die Linien mit dickem schwarzem Filzstift nachziehen.*

37

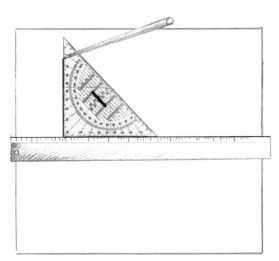

Abb. 1

Abb. 2

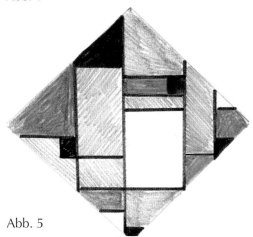

Abb. 5

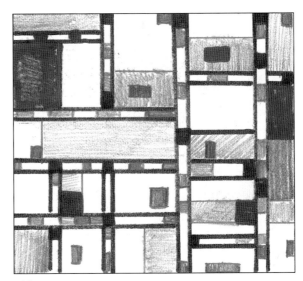

Abb. 3

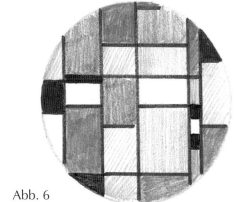

Abb. 6

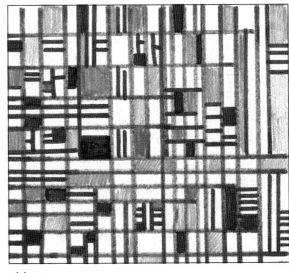

Abb. 4

38 | Schachbrett

Ziele

- geometrische Arbeitsgeräte verwenden (Lineal, Zirkel)
- das Werk des Künstlers Victor Vasarely entdecken

Material

- weißes Tonpapier (ca. DIN A4 oder DIN A5)
- Zirkel
- Bleistift (HB)
- Radiergummi
- Filz- oder Buntstifte

Dauer

- 1 Zeitstunde

Anschauungsmaterial

- Werke von Victor Vasarely

Arbeitsanleitung

Entlang des Blattaußenrandes kleine Markierungen in regelmäßigen Abständen von 2,5 cm (auf DIN-A4-Papier) oder 2 cm (auf DIN-A5-Papier) setzen. Gegenüberliegende Markierungen mit ganz leichtem Bleistiftstrich verbinden, um ein Gitter aus horizontalen und vertikalen Linien zu bilden. Den überschüssigen Rand abschneiden (Abb. 1).

Mit dem Zirkel drei Kreise unterschiedlichen Durchmessers zeichnen. Die Kreise innen ausradieren (Abb. 2).

Die unterbrochenen Geraden durch gebogene Linien im Inneren der Kreise wieder verbinden. (Die Linien sehen aus, als wollten sie dem Kreismittelpunkt ausweichen.) (Abb.3).

In zwei abwechselnden Farben ausmalen (Abb. 4).

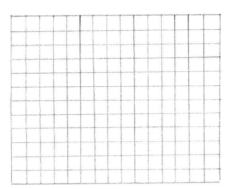

Abb. 1

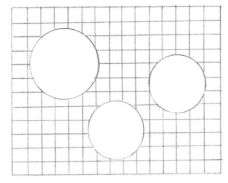

Abb. 2

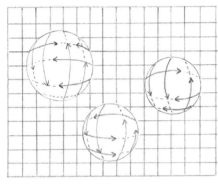

Abb. 3

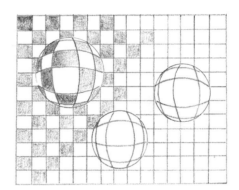

Abb. 4

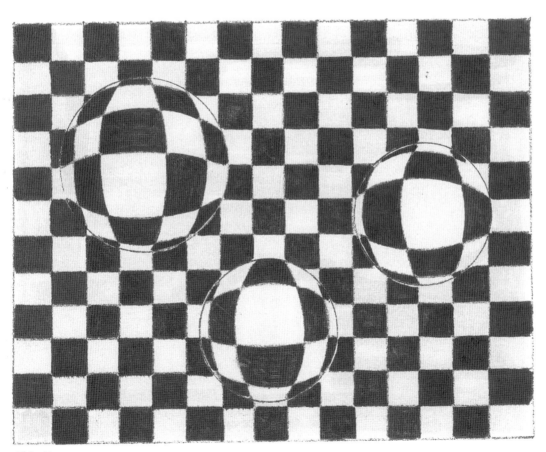

Abb. 5

39 Dreiecke

Ziele
- mit dem Lineal arbeiten
- Annäherung an die Geometrie
- räumliche Anordnungen darstellen
- mit den Formen spielen (Überschneidungen)

Material
- weißes Tonpapier (ca. DIN A4)
- Bleistift (HB)
- Radiergummi
- Lineal
- Buntstifte oder Graphitstifte (2H, HB, 4B)

Dauer
- 1 ½ Zeitstunden

Arbeitsanleitung

Mit einem Lineal zwei bis drei große Dreiecke zeichnen (Seitenlänge ca. 10 cm) (Abb. 1).

Anschließend vier mittelgroße und sechs kleine Dreiecke zeichnen (Abb. 2).

In allen Dreiecken – erst in den kleinen, dann in den mittleren und schließlich in den großen – den Mittelpunkt einzeichnen und diesen mit den Eckpunkten verbinden. Bei Überschneidungen die Linien des jeweils kleineren Dreiecks wegradieren (Abb. 3).

Entweder mit Graphitstiften in verschiedenen Graustufen oder mit Buntstiften in warmen und kalten Farbstufen ausmalen (Abb. 4).

Den Hintergrund beliebig ausgestalten (Abb. 5).

Hinweis: *Um einen intensiven Farbton zu erhalten, nicht fest aufdrücken, sondern mehrfach übermalen.*

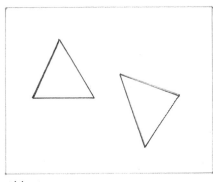

Abb. 1

Abb. 2

Abb. 3

Abb. 4

Abb. 5

40 | Aufsteigende Luftballons

Ziele
- den Umgang mit dem Zirkel üben
- anders als gewohnt mit Filzstiften arbeiten

Material
- Zirkel
- Filzstifte (mit dicker Spitze, evtl. mit Pinselspitze)
- weißes Tonpapier oder weißer Fotokarton (DIN A4)
- Pinsel (Nr. 6)

Dauer
- 2 Zeitstunden

Arbeitsanleitung

Von der linken unteren Ecke des Blattes ausgehend mit dem Zirkel einige kleine Kreise zeichnen (Abb. 1).

Die Kreise zur rechten oberen Ecke des Blattes hin immer größer werden und die Blattränder berühren lassen (Abb. 2).

Alle Kreise mit dem Filzstift nachziehen (Abb. 3).

Den Pinsel Nr. 6 in Wasser eintauchen. Jeden mit Filzstift gemalten Kreis verwässern und die Farbe zum Ausmalen der Innenfläche nutzen. Durch Abstufungen den Eindruck von Volumen erzeugen (Abb. 4).

Hinweise:
- *Manche Farben lösen sich leichter als andere. Es können wenn nötig auch mehrere Farben gemischt werden.*
- *Kleine Flächen auf den Ballons weiß lassen, damit der Eindruck von Lichtreflexen entsteht (Abb. 5).*

40

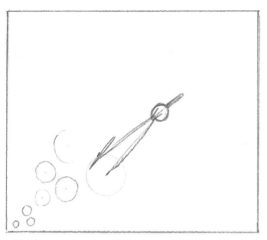

Abb. 1

Abb. 2

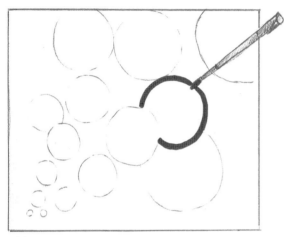

Abb. 3

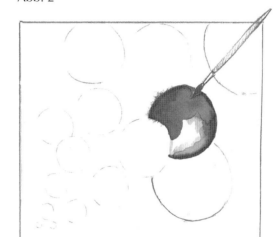

Abb. 4

Abb. 5

41 Schlüsselbund

Ziele
- geometrische Zeichengeräte verwenden (Lineal, Zirkel)
- Kreativität entwickeln
- über- und untereinanderliegende Dinge darstellen

Material
- weißes Tonpapier (ca. DIN A4)
- Bunt- oder Graphitstifte
- Zirkel
- Lineal
- Bleistift (HB)
- Radiergummi

Dauer
- 1 Zeitstunde

Anschauungsmaterial
- Werke von Fernand Léger

Arbeitsanleitung

Etwa in der Mitte des Blattes mit dem Zirkel zwei konzentrische Kreise mit 3 cm und 4 cm Radius zeichnen (Abb. 1).

Die Zirkelspitze auf dem äußeren Kreis an drei Stellen ansetzen. Jeweils zwei konzentrische Kreise (Radius von 2 cm und von 3 cm) zeichnen, die sich mit den ersten beiden Kreisen überschneiden (Abb. 2).

Wie angegeben radieren, damit der Eindruck entsteht, dass die Ringe ineinanderhängen (Abb. 3).

Vom Mittelpunkt der Kreise ausgehend mit einem Lineal Linien ziehen.

Diese mit teils parallelen und teils unregelmäßig gezackten Linien umfahren (Abb. 4).

Einen beliebigen Schlüsselanhänger ergänzen, dabei auf die Proportionen achten.

Den Hintergrund frei gestalten (Abb. 5).

Farbig ausmalen.

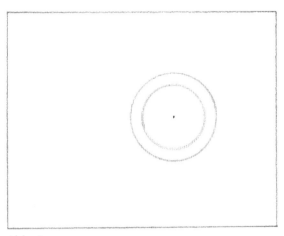

Abb. 1

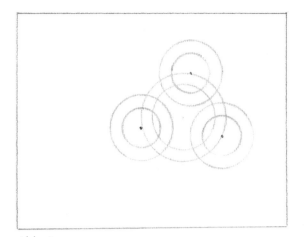

Abb. 2

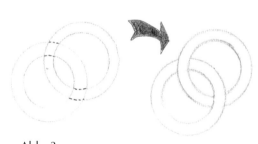

Abb. 3

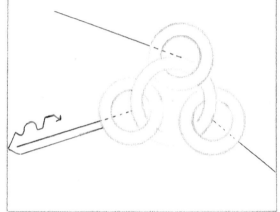

Abb. 4

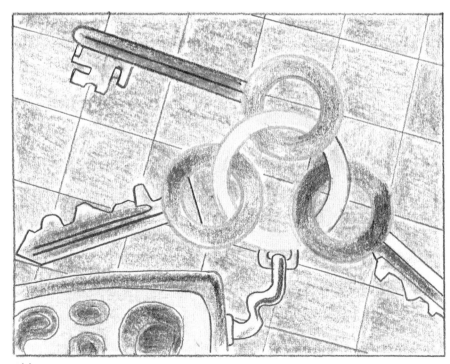

Abb. 5

42 Tiere II

Ziele
- eine Fläche ausgestalten
- Annäherung an die Symmetrie
- Annäherung an die Comic-Zeichnung

Material
- weißes Tonpapier (ca. DIN A4)
- Bleistift (HB)
- Radiergummi
- Buntstifte

Dauer
- 1 ¹/₂ Zeitstunden

Anschauungsmaterial
- Tierfotos
- Comics, Walt-Disney-Zeichnungen

Arbeitsanleitung

Das Papier in beide Richtungen mittig falten. Aufklappen und im Hochformat vor sich legen. Die Punkte wie angegeben setzen, dann auf der rechten Blatthälfte die Verbindungen wie in den gekennzeichneten Schritten 1, 2 usw. zeichnen (Abb. 1, 4 und 7).

Die verschiedenen Details ergänzen.

Noch einmal nachziehen, dabei fest mit dem Bleistift aufdrücken (Abb. 2, 5 und 8).

Das Blatt an der Längslinie erneut zusammenklappen. Mit einem harten Gegenstand fest über die Rückseite der bemalten Fläche rubbeln.

Aufklappen und den auf der linken Blatthälfte hinterlassenen Abdruck nachzeichnen.

Den Hintergrund ausarbeiten und das Bild farbig ausgestalten (Abb. 3, 6 und 9).

Hintergrund Flusspferd: Eine gezackte Linie oberhalb der horizontalen Faltlinie ziehen, dann Bäume usw. ergänzen (Abb. 3).

Hintergrund Vogel: Zuerst die Blätter, dann den Ast zeichnen (Abb. 6). (Achtung: Die Kinder neigen dazu, sehr kleine Blätter zu malen.)

Hintergrund Hase: Blumen zeichnen und dann ausmalen. Den Bereich zwischen den Blumen mit dickem grünem Filzstift ausfüllen. Am besten einen schon etwas abgenutzten Filzstift verwenden (Abb. 9).

42

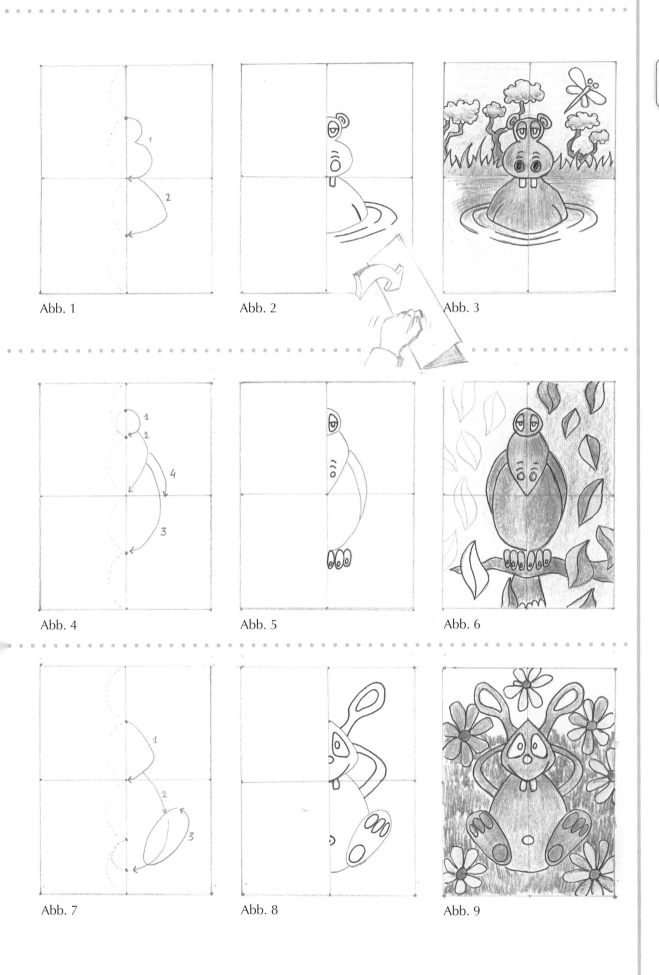

Abb. 1

Abb. 2

Abb. 3

Abb. 4

Abb. 5

Abb. 6

Abb. 7

Abb. 8

Abb. 9

43 | Der Pfau

Ziele
- eine Fläche strukturieren
- Formen analysieren
- sich mit der Farbe und der Zeichenbewegung auseinandersetzen

Material
- weißes oder schwarzes Tonpapier
- Gouache/Temperafarbe (drei Primärfarben, Schwarz und Weiß)
- Pinsel (Nr. 6 und Nr. 12)
- Schere
- Klebstoff

Dauer
- 3 Zeitstunden

Arbeitsanleitung

Das Blatt in der Mitte leicht knicken. Auf der Faltlinie (Symmetrieachse) in 5 cm Abstand zum unteren Rand einen Punkt einzeichnen (Abb. 1).

Von diesem Punkt ausgehend mit dem Pinsel Nr. 6 und schwarzer Gouache/Temperafarbe ca. zwanzig dünne, strahlenförmige Linien bis zum Blattrand ziehen (Abb. 2).

Auf jede Linie mit dem Pinsel Nr. 12 drei bis vier dreifarbige Kringel malen (innen gelb, dann einmal mit Rot und anschließend mit Blau ummalt) (Abb. 3).

Mit der Spitze des Pinsels Nr. 6 in Grün die feinen Pfauenfedern ausarbeiten (Abb. 4).

Auf einem kleinen Blatt (ca. 9 x 5 cm) den Körperumriss des Tieres zeichnen. Der Kopf berührt den oberen, die Füße berühren den unteren Rand des Blattes (Abb. 5).

Den Pfau ausschneiden und auf das Bild kleben (Abb. 6).

Hinweise:
- *Auf die Haltung des Pinsels achten: Er soll nicht „plattgedrückt" werden.*
- *Das Malen feiner Linien auf der Palette üben.*

43

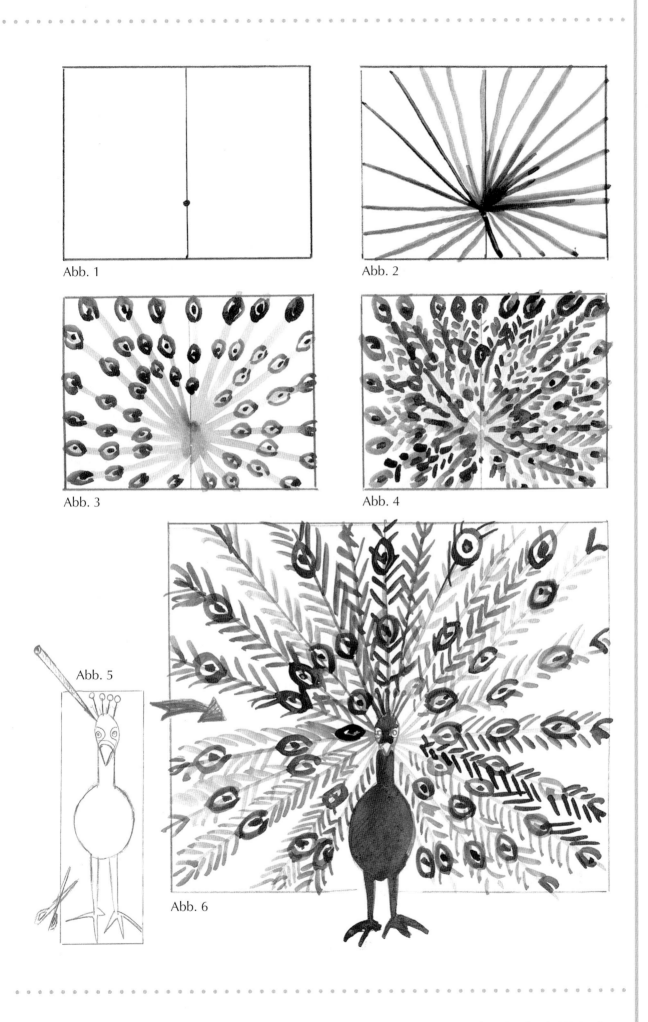

Abb. 1

Abb. 2

Abb. 3

Abb. 4

Abb. 5

Abb. 6

44 | Im Nebel

Ziele
- Raum darstellen
- Erkenntnisse über die verschiedenen räumlichen Eben gewinnen (Tiefenschärfe, Großaufnahme, Bildinszenierung)

Material
- Pauspapier (ca. DIN A4)
- Bleistift (HB)
- dünner schwarzer Filzstift oder Tusche und Feder
- Gouache/Temperafarbe (Weiß)
- Filzstifte

Dauer
- 1$^{1}/_{2}$ Zeitstunden

Anschauungsmaterial
- Dokumentationen über das Vorgehen bei der Erstellung von Zeichentrick-Kulissen
- Landschaftsfotos

Arbeitsanleitung

Jeder Schüler erhält ein Blatt Pauspapier.

Das Blatt zweimal Falten und in die vier Teile zerschneiden.

Die Teilstücke im Hochformat bearbeiten.

1. Teilblatt: In ca. 3–4 cm Abstand zum unteren Rand eine Bodenlinie ziehen. Dann weiter oben eine zweite Grenze zeichnen, dazu lauter kleine Bögen aneinanderreihen (Abb. 1).

2. Teilblatt: Die Bodenlinie vom 1. Teilblatt abpausen. Auf beiden Seiten einen Baumstamm, 1-2 dicke Äste und Blätterwerk ergänzen (Abb. 2).

3. Teilblatt: Auf beiden Seiten Blätter in „Großaufnahme" malen.

Alle Bleistiftlinien mit Feder und Tusche bzw. mit dünnem schwarzem Filzstift nachziehen (Abb. 3).

Für die farbige Ausgestaltung die drei Teilblätter umdrehen und die auf Seite 166 („Briefmarken") beschriebene Technik anwenden (Abb. 4, 5 und 6).

Die Teilblätter erneut umdrehen und übereinandergeschichtet auf Tonpapier aufkleben (Abb. 7).

Hinweise:
- *Das übrig gebliebene Stück Pauspapier kann verwendet werden, um mit der gleichen Technik eine Person zu ergänzen. Grob ausschneiden, an die gewünschte Stelle legen und aufkleben.*
- *Bei dieser Übung können die Kinder Fotos aus Zeitschriften als Pausvorlagen verwenden.*

44

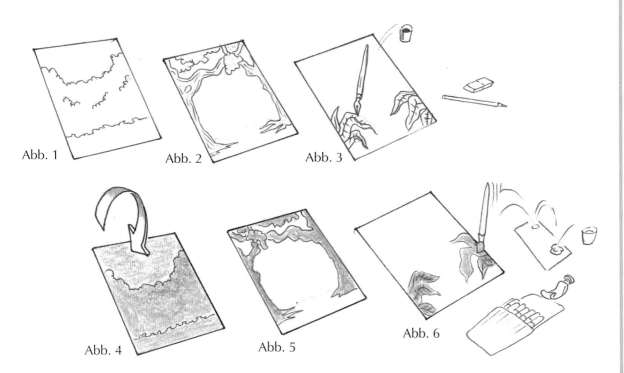

Abb. 1 Abb. 2 Abb. 3

Abb. 4 Abb. 5 Abb. 6

Abb. 7

45 Wolkenkratzer

Ziele

- sich mit der Dreidimensionalität und der Perspektive auseinandersetzen
- Erkenntnisse über Licht und Schatten gewinnen
- mit Farben arbeiten

Material

- Tonpapier (ca. DIN A4)
- Lineal
- Bleistift
- Gouache/Temperafarbe
- Pinsel

Dauer

- 4 Zeitstunden

Arbeitsanleitung

Etwa zwanzig Striche und einfache Formen (Halbkreise, kleine Kreise, Quadrate) auf der Blattfläche verteilen (Abb. 1).

Von den Strichen und Formen ausgehend mit dem Lineal vertikale Linien bis zum unteren Blattrand ziehen. Mit den unteren Strichen und Formen beginnen (Abb. 2).

Jedes Gebäude in einer Farbe ausmalen („Camaieu": eine Farbe in verschiedenen Abtönungen, z. B. Blau-, Rot- oder Grüntöne). Mit dem Pinsel kleine Fenster malen (Abb. 3).

Variante

Die gleiche Übung, mit verschiedenartigen Winkeln als Ausgangsformen beginnen (Abb. 4).

Von jedem Winkel aus drei vertikale Linien ziehen (Abb. 5).

Alle linken Flächen in einer dunklen und alle rechten Flächen in einer hellen Farbnuance ausmalen: So entsteht ein Spiel von Licht und Schatten (Abb. 6).

45

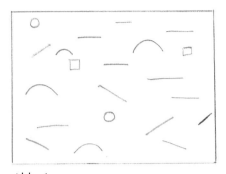

Abb. 1

Abb. 2

Abb. 3

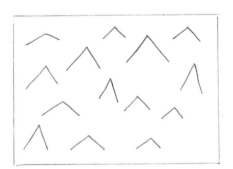

Abb. 4

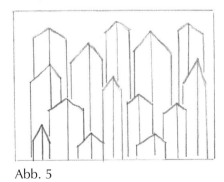

Abb. 5

Abb. 6

46 Gebirge

Ziele
- Räumlichkeit darstellen
- Farbmischungen erstellen
- Farbe bewusst wahrnehmen und einsetzen

Material
- weißes Tonpapier (ca. DIN A4)
- Bleistift (HB)
- Gouache/Temperafarbe (Schwarz, Weiß, Blau, Rot)
- Pinsel
- Radiergummi

Dauer
- 1 ¹/₂ Zeitstunden

Anschauungsmaterial
- Schwarz-Weiß-Fotos von Gebirgslandschaften im Winter

Arbeitsanleitung

Das Blatt in der Mitte falten. Punkte wie auf der Abbildung angegeben einzeichnen (Abb. 1).

Linien ziehen (Abb. 2).

Eine weitere Serie von Punkten setzen und wieder wie angegeben vorgehen (Abb. 3).

Von jeder Spitze ausgehend mit einer gezackten Linie die Fläche zweiteilen (Abb. 4).

Weiße Farbe mit einem Spritzer Blau oder Rot mischen und damit die rechten Flächen ausmalen. Die linken Flächen schwarz und den Hintergrund im Farbton der rechten Flächen ausmalen (Abb. 5).

Variante

Mit Graustufen arbeiten: Auf einem DIN-A5-Blatt die Punkte A und B (Abb. 1) in 2 cm Abstand zum unteren Rand platzieren. Nur mit einem Graphitstift malen und mehr oder weniger fest aufdrücken.

__Hinweis:__ Eine Aneinanderreihung der Bilder führt zu einer endlosen Landschaft.

46

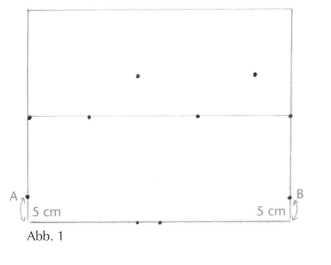

A ↕
5 cm

B ↕
5 cm

Abb. 1

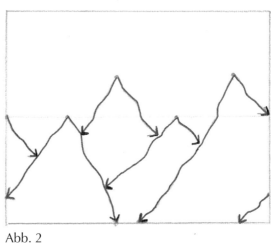

Abb. 2

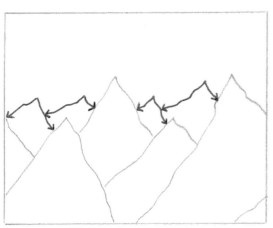

Abb. 3

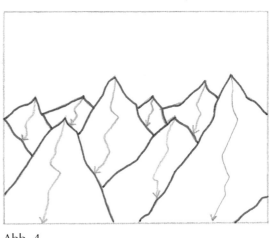

Abb. 4

Abb. 5

47 | Labyrinth

Arbeitsanleitung

Das Blatt auf 20 x 28 cm zuschneiden und im Querformat vor sich legen.

Die Mitte des oberen Blattrandes mit einem Punkt A markieren. Auf den drei anderen Blatträndern Punkte in jeweils 2 cm Abstand voneinander setzen. Mit Bleistift und Lineal Punkt A mit allen anderen Punkten verbinden (Abb. 1).

Die Markierungen der rechten und der linken Seite durch horizontale Linien verbinden (Abb. 2).

Einen Teil der Bleistiftlinien mit dünnem schwarzem Filzstift nachfahren und so ein Labyrinth entstehen lassen (Abb. 3).

Die Bleistiftlinien wegradieren.

Um Tiefe zu erzeugen, mit dem Geodreieck vom Ende jeder Linie ausgehend eine vertikale Verbindung zum unteren Blattrand bzw. bis zum nächsten Element ziehen (Abb. 4).

Die vertikalen Flächen farbig ausgestalten. Die Farbabstufung entsprechend der Ausrichtung wählen (Frontalsicht oder Schrägansicht).

47

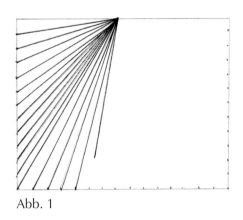

Abb. 1

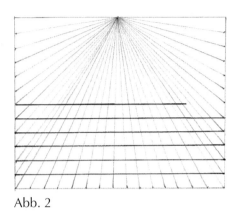

Abb. 2

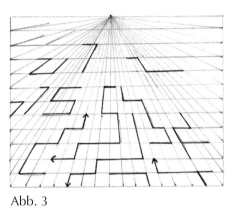

Abb. 3

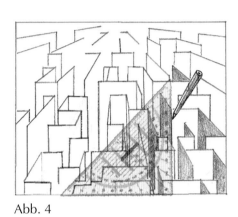

Abb. 4

Abb. 5

48 Wohnzimmer

Ziele
- Annäherung an die Perspektivenkonstruktion
- Fläche ausfüllen

Material
- weißes Tonpapier (ca. DIN A4)
- Bleistift (HB)
- Radiergummi
- Filz- oder Buntstifte
- farbige Zeitschriften

Dauer
- 1 Zeitstunde

Anschauungsmaterial
- Zeichnungen von Leon Battista Alberti und Leonardo da Vinci

Arbeitsanleitung

Das Blatt in beide Richtungen mittig falten (Abb. 1).

Zwei Diagonalen zeichnen, die sich im Mittelpunkt (Fluchtpunkt) kreuzen.

In jeweils 9 cm Abstand von jeder Ecke des Blattes aus auf den Diagonalen Punkte markieren. Die Punkte miteinander verbinden (Abb. 2). Ein Rechteck in den mittleren Bereich zeichnen.
Im linken Bereich einen Bilderrahmen zeichnen, dabei die Linien am Fluchtpunkt ausrichten.

Im rechten Bereich nach gleichem Prinzip eine Tür zeichnen (Abb. 3).

Innerhalb des mittleren Rechtecks fünf vertikale Linien setzen (1, 2, 3, 4, 5).

Zwischen 1 und 2 sowie zwischen 4 und 5 mehrere mit dem Fluchtpunkt verbundene Linien zeichnen. In den anderen Zwischenräumen Rechtecke zeichnen (Abb. 4).

Aus Zeitschriften Bilder ausschneiden, mit denen der Raum ausgeschmückt werden kann (Tapete, Bilder, Tür, Boden, Vorhänge, Deckenleuchte, Personen ...). Dabei die vorgegebenen Proportionen, räumlichen Ausrichtungen usw. berücksichtigen.

Hinweis: *Der Bereich innerhalb des mittleren Rechtecks (Abb. 3) kann ersatzweise mit einem aus einer Zeitschrift ausgeschnittenen Landschaftsbild beklebt werden.*

48

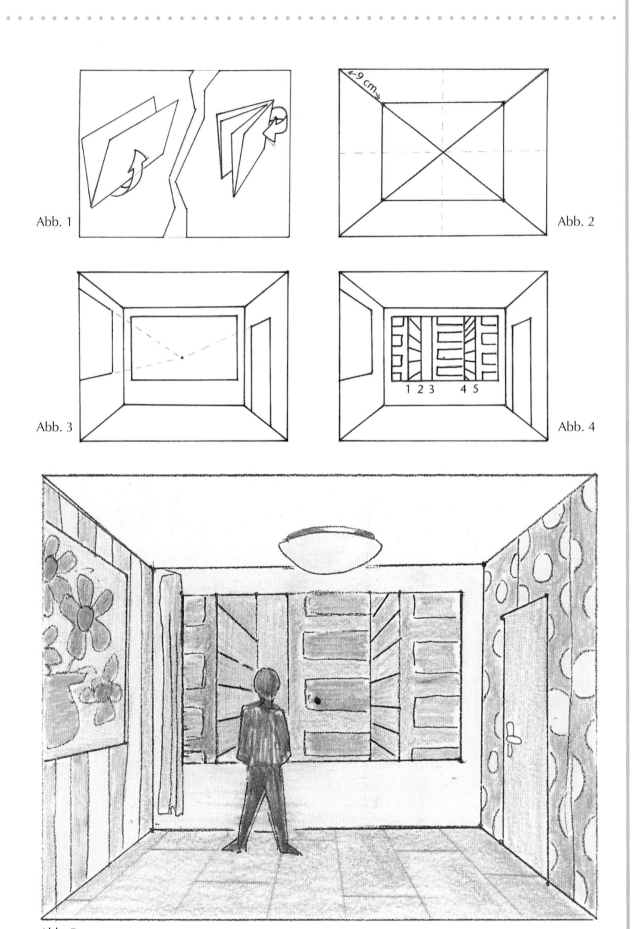

Abb. 1

Abb. 2

Abb. 3

Abb. 4

1 2 3 4 5

← 9 cm →

Abb. 5

49 Froschperspektive

Ziele

- Räumlichkeit darstellen
- eine Einführung in die Perspektivenkonstruktion erhalten

Material

- weißes Tonpapier (ca. DIN A4)
- Bleistift (HB)
- Radiergummi
- Lineal
- Aquarellfarben

Dauer

- $1\,^1/_2$ Zeitstunden

Anschauungsmaterial

- Comiczeichnungen
- Zeichentrick („Der König und der Vogel" von Paul Grimault)

Arbeitsanleitung

Das DIN-A4-Blatt quer nehmen und senkrecht in der Mitte falten. Die vier Punkte wie angegeben einzeichnen, die Punkte A, B und C liegen jeweils im Abstand von 1 cm zum unteren Blattrand. Diese drei Punkte durch eine Linie miteinander verbinden (Abb. 1).

Von Punkt D ausgehend auf beiden Seiten der Mittellinie jeweils etwa fünfzehn Linien bis zum unteren Blattrand ziehen (Abb. 2).

Eine Reihe von Punkten auf der mittleren Faltlinie einzeichnen; die Abstände sollen nach oben hin immer kleiner werden. Diese Punkte mit den Punkten A und C verbinden (Abb. 3).

Einzelne Linien mit schwarzem Filzstift nachziehen, sodass Gebäude (Wolkenkratzer) erkennbar werden (Abb. 4).

Die Linien außerhalb der Gebäude wegradieren. Wo ein Gebäude kein anderes berührt, wird die fehlende Verbindung hergestellt: Die der Faltlinie näher stehende Ecke wird dazu mit dem gegenüberliegenden Fluchtpunkt (A oder C) verbunden (Abb. 5).

Einige Autos auf der Grundlinie, einige Personen mehr oder weniger weit davon entfernt ergänzen.

Die Gebäudeflächen schattieren und das Blatt wie angegeben falten (Abb. 6).

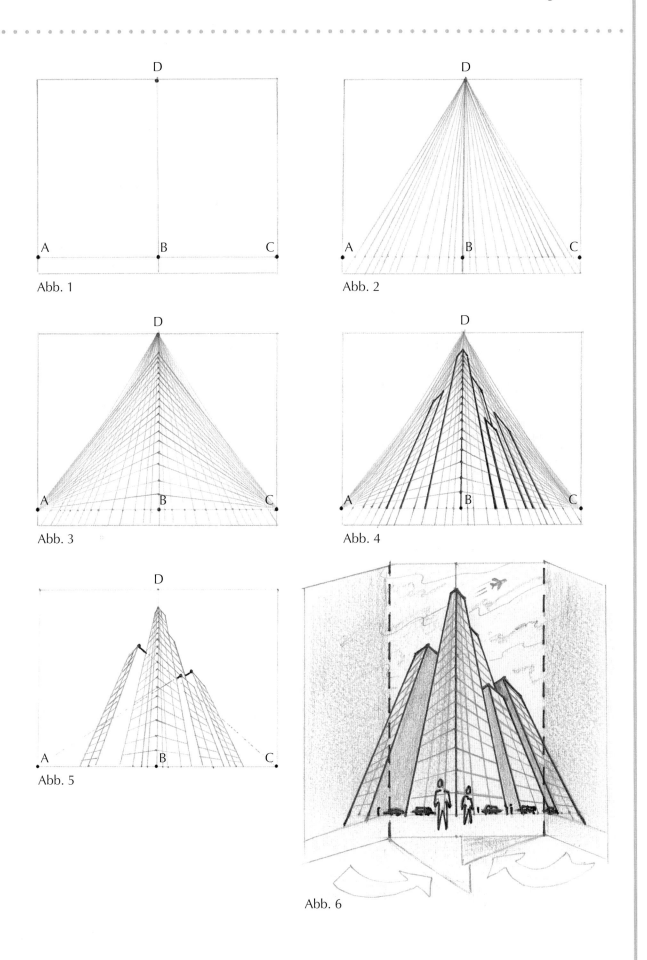

49

Abb. 1

Abb. 2

Abb. 3

Abb. 4

Abb. 5

Abb. 6

50 Downtown

Ziele
- eine Einführung in die Perspektivenkonstruktion erhalten
- Annäherung an die Geometrie
- räumliche Anordnungen darstellen

Material
- weißes Tonpapier (ca. DIN A3)
- Lineal
- Bleistift (HB)
- Radiergummi
- Aquarellfarben

Dauer
- 1 ½ Zeitstunden

Anschauungsmaterial
- Fotos von Städten

Arbeitsanleitung

Das Blatt im Hochformat vor sich legen. Etwas unterhalb des Blattmittelpunktes einen Fluchtpunkt kennzeichnen (Abb. 1). Darunter drei horizontale Striche in unterschiedlicher Höhe zeichnen und jeweils beide Enden durch senkrechte Linien mit dem unteren Blattrand verbinden (Abb. 1).

Die Ecken mit dem Fluchtpunkt verbinden (Abb. 2).

Zwischen den Fluchtlinien eine zweite Reihe horizontaler Striche mit vertikalen Verbindungen zum unteren Blattrand zeichnen. Die Linienabschnitte außerhalb der entstandenen Körper (Hochhäuser) wegradieren (Abb. 3).

Auf gleiche Weise eine zweite Reihe von Hochhäusern anlegen. Die senkrechten Linien wieder bis zum unteren Blattrand ziehen (bzw. bis sie auf ein anderes Gebäude stoßen). Die Fluchtlinien wie angegeben zeichnen (Abb. 4).

Auf den seitlichen Fassaden mit regelmäßigen Mustern die Etagen andeuten. Die Frontseiten können mit Reklame ausgeschmückt werden, die entweder aus Zeitschriften ausgeschnitten oder von den Kindern erfunden und gemalt wird (beispielsweise Reklameschilder, die einen Hinweis darauf geben, was in dem Gebäude ist).

Die Farbe stark verdünnt mit dem Pinsel auftragen (Abb. 5).

Hinweise:
- *Die „nach hinten" verlaufenden Linien müssen immer mit dem Fluchtpunkt verbunden sein (vor allem bei den Etagen).*
- *Die Farbe sollte sehr wenig decken und von oben nach unten aufgetragen werden.*

50

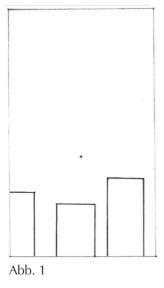

Abb. 1

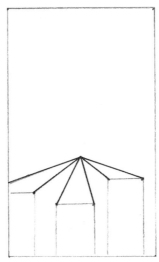

Abb. 2

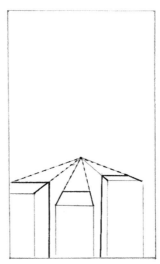

Abb. 3

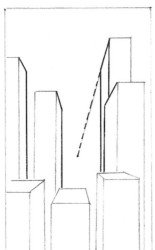

Abb. 4

Abb. 5

51 Vogelperspektive

Ziele
- eine Fläche ausgestalten
- sich mit der Geometrie auseinandersetzen
- eine Einführung in die Perspektivenkonstruktion erhalten

Material
- weißes Tonpapier
- Lineal
- Bleistift (HB)
- Radiergummi
- Aquarellfarben

Dauer
- 1 Zeitstunde

Anschauungsmaterial
- Luftbilder
- Comiczeichnungen

Arbeitsanleitung

Einen Punkt in die Mitte des Blattes setzen. Um den Punkt herum auf dem gesamten Blatt verteilt Rechtecke zeichnen (Abb. 1).

Die Ecken jedes Rechtecks durch Fluchtlinien mit dem Blattmittelpunkt verbinden; dabei die Linien weglassen, die durch das Rechteck hindurch verlaufen müssten. Es ergeben sich so höchstens drei Fluchtlinien pro Rechteck (Abb. 2).

Zwischen den Fluchtlinien parallel zu den Rechteckseiten die Bodenlinien der Gebäude zeichnen, sofern sie nicht von einem anderen Gebäude verdeckt werden (Abb. 3).

Den Bereich zwischen den Gebäuden ausgestalten (Straßennetz, Bäume usw.), dabei die Proportionen berücksichtigen.

Die Etagen in den Gebäuden durch horizontale Linien zwischen Boden- und Dachlinie andeuten. Dabei den Abstand in Richtung Bodenlinie sukzessive verkleinern (Abb. 4).

Farbe sehr zart auftragen (Aquarell) (Abb. 5).

51

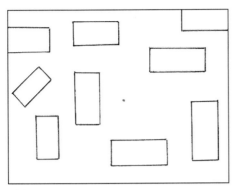

Abb. 1

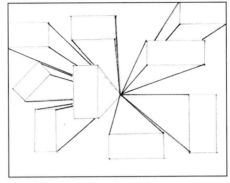

Abb. 2

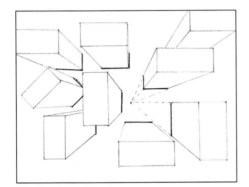

Abb. 3

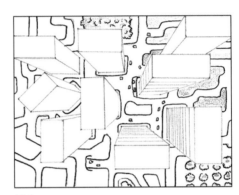

Abb. 4

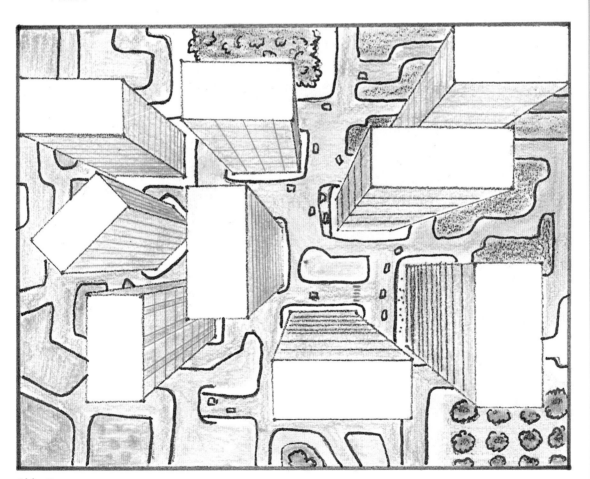

Abb. 5

52 | Der kleine Mann im Ohr

Ziele
- Bild und Text miteinander in Verbindung bringen
- Fantasie entwickeln

Material
- weißes Tonpapier (ca. DIN A4)
- nach Belieben: Gouache/Temperafarbe, Filz- oder Buntstifte

Dauer
- 2 Zeitstunden

Arbeitsanleitung

Legen Sie den Schülern eine Reihe von sehr bildhaften Redewendungen vor. Die Bedeutungen werden erklärt.

Beispiele:
einen kleinen Mann im Ohr haben
ins Auge gehen (Abb. 1).
kleinkariert sein (Abb. 2)
eine saubere Weste haben
jemandem Honig um den Mund schmieren
wie ein Elefant im Porzellanladen
jemanden durch den Kakao ziehen
jemanden bauchpinseln
der Wolf im Schafspelz
etwas an den Nagel hängen
Blut geleckt haben
Öl ins Feuer gießen

Die Schüler illustrieren eine der Redewendungen in frei gewählter Arbeitstechnik. Ihre Darstellungen sollen gleichzeitig das Bild und die Bedeutung wiedergeben.

Hinweis: Anschließend die Bilder an der Tafel aufhängen.
Die Kinder versuchen zu erraten, welche Redewendung jeweils dargestellt ist.

52

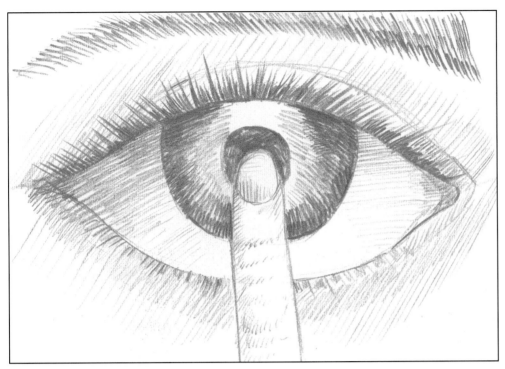

Abb. 1

Abb. 2

53 | „Cadavre Exquis"

Ziele
- eine Gemeinschaftsarbeit erstellen
- Fantasie entwickeln

Material
- weißes Tonpapier (ca. DIN A3)
- Bleistift (HB)
- Filzstifte

Dauer
- 1 Zeitstunde

Arbeitsanleitung

Jeder Schüler bekommt ein DIN-A3-Blatt und knickt es in vier gleiche Streifen. Diese werden jeweils in der oberen rechten Ecke durchnummeriert (Abb. 1).

Setzen Sie die Schüler in Vierergruppen zusammen.

Schüler Nr. 1 zeichnet einen Fantasiekopf in den Streifen Nr. 1. Dann knickt er die Zeichnung nach hinten und markiert auf dem folgenden Streifen mit zwei Punkten den Halsansatz (Abb. 2).

Ohne den Kopf zu sehen, zeichnet Schüler Nr. 2 nun einen Oberkörper und den oberen Teil der Arme auf den zweiten Streifen und lässt entsprechende Markierungen in den dritten Streifen ragen (Abb. 3).

Schüler Nr. 3 zeichnet den Unterleib und die Beine der Figur (Abb. 4).

Schüler Nr. 4 ergänzt den unteren Teil der Beine sowie die Füße und vollendet damit die Figur (Abb. 5).

Das Bild wir aufgeklappt und es erscheint eine aus verschiedenartigen Teilen zusammengesetzte Fantasiefigur.

Hinweise:
- *Alle Gruppen zeichnen gleichzeitig. Sie geben das Signal zur Weitergabe des Blattes.*
- *Das Vorhandensein der Markierungen prüfen.*
- *Menschliche und tierische Elemente mischen.*

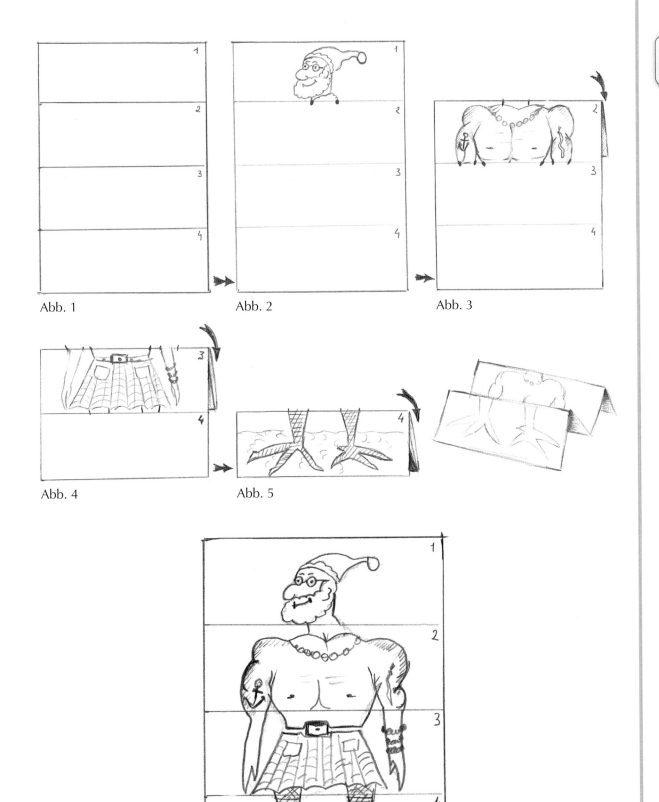

53

Abb. 1

Abb. 2

Abb. 3

Abb. 4

Abb. 5

Abb. 6

54 | Den Maßstab ändern

Arbeitsanleitung

Einen kleinen, einfachen Gegenstand (z. B. Stiftkappe, Schlüssel, Schraube) auswählen und aufmerksam betrachten. Den Gegenstand naturgetreu, aber in verändertem Maßstab zeichnen, sodass er einen großen Teil des Blattes einnimmt (Abb.1).

Dem Gegenstand eine neue Funktion geben, die nichts mit der eigentlichen Funktion zu tun hat (z. B. wird aus der Schraube ein Turm oder aus der Stiftkappe ein Rennwagen) (Abb. 2 und 3).

Hinweise:
- *Einen Gegenstand wählen, der viele Verwandlungsmöglichkeiten bietet (z. B. mit einer ungewöhnlichen Form, einem interessanten Detail).*
- *Es kann auch der eigene Daumen als Objekt verwendet und das Rillenmuster in der Haut präzise wiedergegeben werden.*

54

Abb. 1

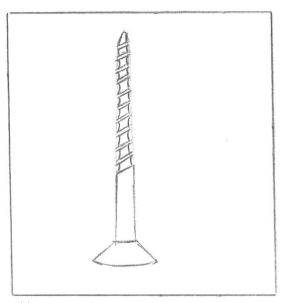

Abb. 2

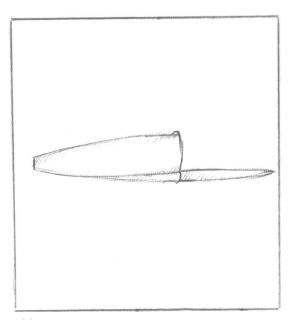

Abb. 3

55 | Mechanisches Pferd

Ziele
- sich spielerisch mit Technik auseinandersetzen
- Fantasie entwickeln

Material
- Technik-Zeitschriften
- weißes Tonpapier (ca. DIN A4)
- Pauspapier
- Bleistifte

Dauer
- 4 Zeitstunden

Anschauungsmaterial
- Werke von Jean Tinguely und Francis Picabia

Arbeitsanleitung

Jeder Schüler erhält ein Foto eines Pferdes im Profil.

Den Umriss abpausen (Abb. 1).

Die Zeichnung auf das Tonpapier übertragen (Abb. 2).

Unter Berücksichtigung der Morphologie des Tieres einen mechanischen Bewegungsapparat erfinden (aus Rädern, Rollen, Schläuchen, Federn usw.) (Abb. 3 und 4).

Hinweis: Hängen Sie Abbildungen einfacher mechanischer Bauteile oder eventuell eines Pferdeskeletts auf.

Variante 1

Gleiche Aufgabe als Collage, wobei aus Zeitschriften ausgeschnittene Bilder verwendet werden.

Variante 2

Die Schüler können das Tier auch anders ausgestalten. Sie können sich sein Skelett und seine Muskeln vorstellen oder es als „Kiste" verwenden, in die sie alle möglichen Sachen „einräumen" usw.

Abb. 1

Abb. 2

Abb. 3

Abb. 4

Fantasie

„Überraschung!" (5), Seite 172

„Eine Frage des Stils …" (4), Seite 66

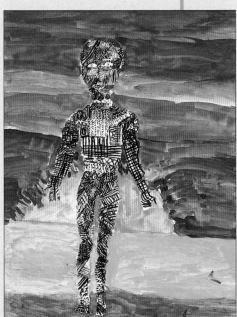

„Tätowierungen" (4), Seite 16

„Eine Kunstfigur verselbstständigt sich" (3), Seite 80

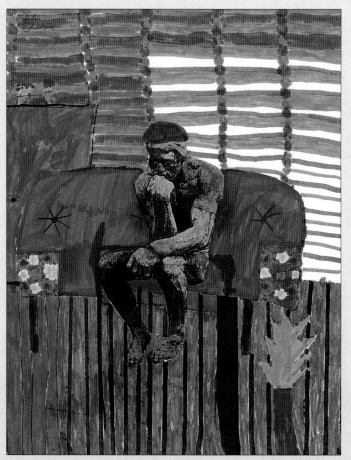

„Eine Kunstfigur verselbstständigt sich" (3), Seite 80

„Aufsteigende Luftballons" (3), Seite 96

„Schachbrett" (4), Seite 92

„Support/Surface" (1), Seite 88

Gouache/Temperafarbe und Tusche

„Gebirge" (3), Seite 108

„Verschwommen im Regen" (5), Seite 170

„Tiere II" (1), Seite 100

„Personen" (1), Seite 162

Zeichnen und Farbe

„Korallenriff" (1), Seite 50

„Präkolumbische Maske" (1), Seite 8

„Dekoratives Alphabet" (2), Seite 18

„Unterwasser-Mosaik" (4), Seite 20

„Froschperspektive" (5), Seite 114

„Postkarte" (5), Seite 164

„Skulptur" (3), Seite 154

„Totem" (2), Seite 152

56 Wechselnde Gesichter

Arbeitsanleitung

Den Bogen in der Mitte falten. Auf der Knickkante freihand oder mithilfe eines Zirkels drei kleine Kreise mit Abstand zueinander und zu den Rändern zeichnen (Abb. 1).

Die drei Kreise vorsichtig ausschneiden (Abb. 2).

Den Bogen aufklappen (Abb. 3), dann von beiden Seiten die Ränder zur Mitte knicken, sodass eine Art Umschlag entsteht (Abb. 4). Mit Klebeband zusammenkleben oder tackern.

Um die drei Kreise herum beliebige Figuren zeichnen (Menschen oder Tiere). Eine Landschaft im Hintergrund gestalten (Abb. 5).

Einen 5 cm breiten Streifen Fotokarton ausschneiden. Darauf eine Reihe von Kreisen für die Gesichter markieren, sodass später Gesichter und Figuren kombiniert werden können. Den Streifen in den Umschlag schieben und in die Kreise malen (Abb. 6).

Den Umschlag auf beiden Seiten des Streifens so tackern, dass dieser gerade und auf der gewünschten Höhe hin und her geschoben werden kann. Die Gesichter beliebig wechseln lassen (Abb. 7).

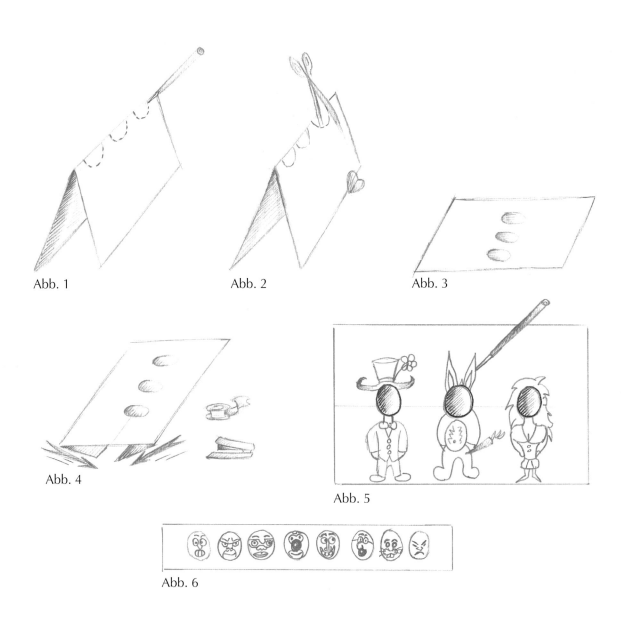

56

Abb. 1   Abb. 2   Abb. 3

Abb. 4   Abb. 5

Abb. 6

Abb. 7

Spiel mit dem Profil

Ziele
- Dinge in der Wirklichkeit betrachten
- eine Fläche ausfüllen
- mit dem „Positiv" und dem „Negativ" spielen

Material
- weißes Tonpapier (ca. DIN A4)
- Bleistift (HB)
- schwarzer Filzstift

Dauer
- 2 Zeitstunden

Anschauungsmaterial
- Werke von Victor Brauner

Arbeitsanleitung

Diese Übung kann auf drei verschiedene Arten durchgeführt werden.

Vorschlag A

Das Profil eines Mitschülers betrachten. Dieses mit Bleistift zeichnen (von der linken oberen Ecke des Blattes zur linken unteren Ecke des Blattes) (Abb. 1).

Diesen Vorgang auf den anderen drei Seiten des Blattes wiederholen. Die Profillinien mit schwarzem Filzstift nachziehen und dadurch die freie Fläche in der Mitte des Blattes abgrenzen (Abb. 2).

Diese Fläche beliebig ausgestalten (z. B. mit Linien, Formen, Buchstaben) (Abb. 3).

Vorschlag B

Gleiches Prinzip, nur mit kleineren Profilen (Abb. 1, 2 und 3).

Vorschlag C

Gleiches Prinzip, diesmal mit nur zwei gegenüberliegenden Profilen, die sich berühren (Abb. 1, 2 und 3).

Hinweise:
- *Zuerst auf Schmierpapier kleine Skizzen machen, um das Profilzeichnen zu üben.*
- *Die Ausgestaltung kann in gegenständlicher oder abstrakter Form erfolgen.*

57

A

Abb. 1

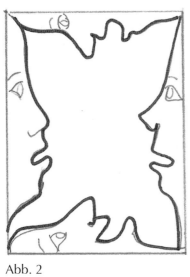
Abb. 2

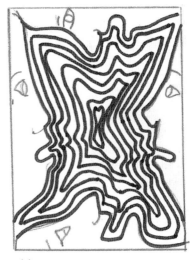
Abb. 3

B

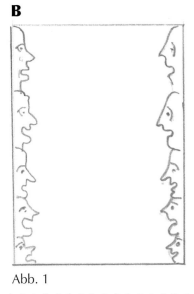
Abb. 1

Abb. 2

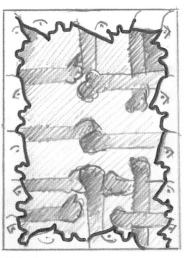
Abb. 3

C

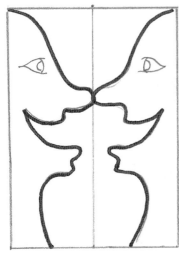
Abb. 1

Abb. 2

Abb. 3

58 Profil-Skulptur

Ziele
- Annäherung an die Dreidimensionalität (Skulptur)
- Erkenntnisse über Muster gewinnen
- mit Licht und Schatten spielen

Material
- weißer Fotokarton
- Klebstoff
- Schere
- Bleistift (HB)
- Schuhkarton

Dauer
- 2 Zeitstunden

Anschauungsmaterial
- Werke von Pablo Picasso und Alexander Calder

Arbeitsanleitung

Mit Bleistift auf der rechten Seite des Kartonbogens ein sehr einfaches Profil zeichnen (Abb. 1), sorgfältig ausschneiden (Abb. 2).

Das Profil auf mehrere (mindestens vier) weitere Kartonbögen übertragen. Dazu jeweils mit dem Bleistift umfahren (Abb. 3).

Alle Profile ausschneiden. Einen mindestens 30 bis 60 cm langen Kartonstreifen zuschneiden und längs in der Mitte falten (Abb. 4).

Die einzelnen Profile auf dem aufgestellten, v-förmigen Streifen so anordnen und befestigen, dass eine Skulptur entsteht, die von allen Seiten betrachtet interessant aussieht. Die Lichteffekte auf den Profilfacetten beobachten (Abb. 5).

Variante

Die Gesichter sternförmig anordnen (Abb. 6)

Hinweis: Jedes Profil kann mit Pinsel und Farbe oder mit Filzstiften ausgestaltet werden.

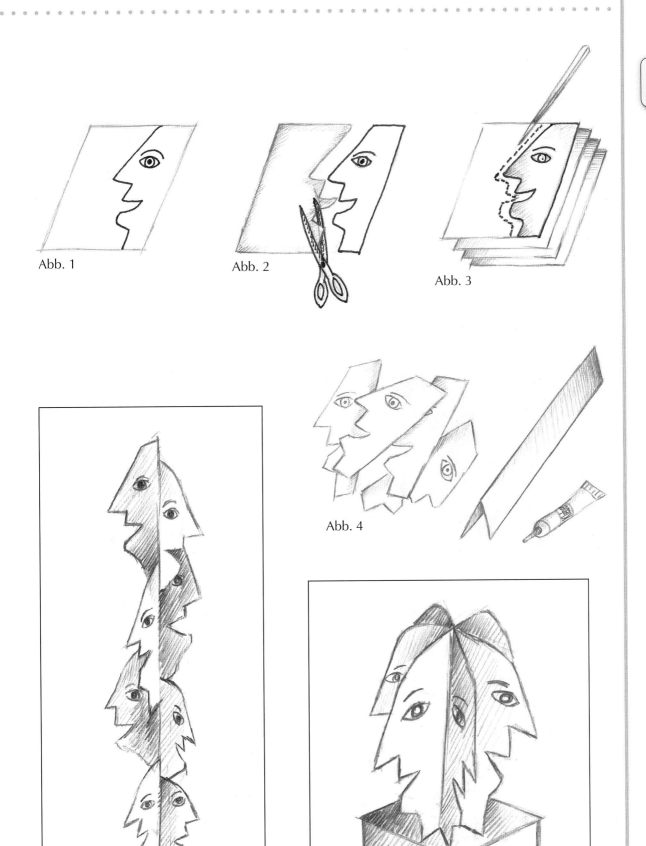

Abb. 1

Abb. 2

Abb. 3

Abb. 4

Abb. 5

Abb. 6

59 | Maske

Ziele
- von der Ebene zum Relief übergehen
- eine Falttechnik kennenlernen
- Fantasie entwickeln

Material
- weißes Tonpapier (ca. DIN A4)
- Bleistift (HB)
- Radiergummi
- Schere
- Ölpastelle oder Filzstifte

Dauer
- 1 Zeitstunde

Anschauungsmaterial
- Masken der Commedia dell'arte
- Comiczeichnungen

Arbeitsanleitung

Das Blatt in beide Richtungen mittig falten und wieder aufklappen. Die Punkte wie angegeben setzen und verbinden. Das Oval für das Auge zeichnen (Abb. 1).

Das Blatt längs zusammenklappen (Zeichnung nach innen). Abrubbeln, aufklappen und den Abdruck nachziehen (Abb. 2).

Wieder längs zusammenklappen (Zeichnung nach außen) und ausschneiden (Abb. 3).

Die Augen herausschneiden, die Maske ausgestalten und das Papier in Form knicken (am Knick etwas eindrücken, siehe Abb. 4, 5 und 6).

Ein Gummiband anbringen, damit die Maske aufgesetzt werden kann.

Variante

Die Maske wie oben beschrieben anfertigen.

Zum Ausmalen Ölpastelle verwenden. Beim Farbauftrag den Formlinien folgen. Beim Ausmalen der Flächen nur leicht aufdrücken. Durch Überlagerung mehrerer Farben Mischungen erzeugen. Die Farbe mit dem Finger verteilen, nachdem die Linien mit schwarzem Pastell nachgezogen wurden (dem Strich folgen).

Vorsicht! Erst nach dem Ausmalen ausschneiden.

59

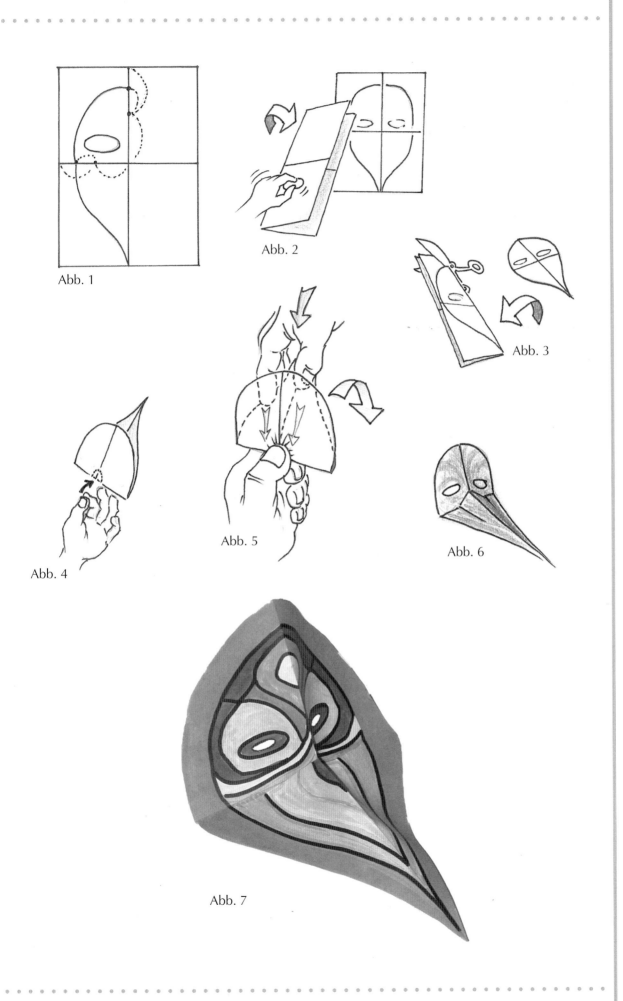

Abb. 1

Abb. 2

Abb. 3

Abb. 4

Abb. 5

Abb. 6

Abb. 7

59

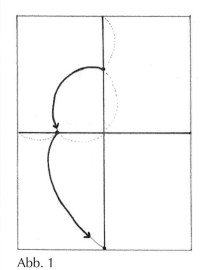 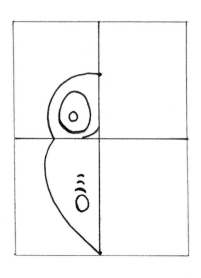 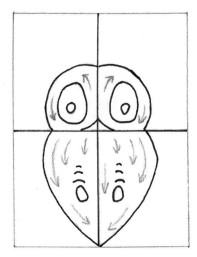

Abb. 1

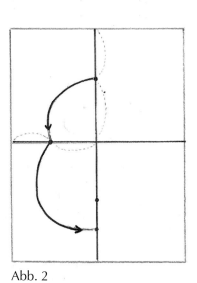 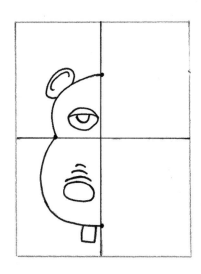 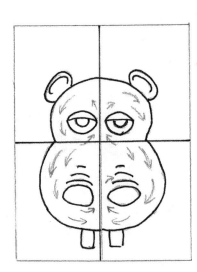

Abb. 2

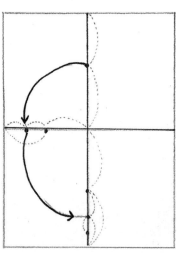 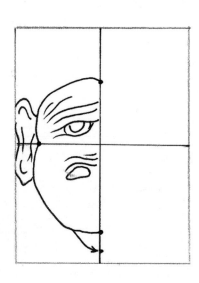 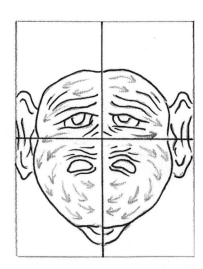

Abb. 3

Serge Paolorsi / Alain Saey: Kunst-Rezepte für den Unterricht, Band 2 · Best.-Nr. 580

59

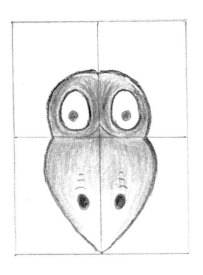
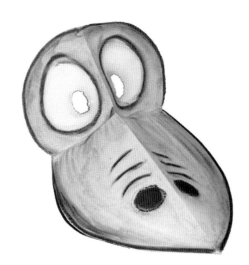

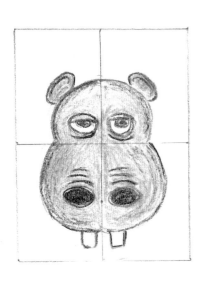

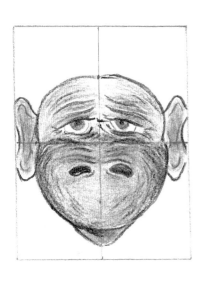

60 Faltmaske

Ziele
- durch einfache Bearbeitung von Papier von der Zwei- zur Dreidimensionalität übergehen
- Erkenntnisse über die Symmetrie gewinnen

Material
- zwei Bogen Tonpapier oder Fotokarton (ca. DIN A4)
- Filzstifte
- Schere
- Klebstoff

Dauer
- 2 Zeitstunden

Arbeitsanleitung

Das Blatt in der Mitte falten. Am Knick freihand oder mithilfe eines Zirkels einen großen und einen kleineren Halbkreis zeichnen. Mindestens 3 cm Abstand zu beiden Blatträndern lassen. Auf jeden Halbkreis zwei Markierungen setzen (Abb. 1).

Die Halbkreise nur bis zur Markierung ausschneiden, damit sie noch mit dem restlichen Blatt zusammenhängen (Abb. 2).

Den großen Kreis mit dem Finger in das Blatt eindrücken, um eine hervorstehende Maske zu erhalten (Abb. 3).

Von der anderen Seite den kleinen Kreis eindrücken, um den Mund zu bilden (Abb. 4).

Beliebig zu einem Kopf, einer afrikanischen Maske oder Ähnlichem ausarbeiten (Abb. 5).

Auf den symmetrischen Blattseiten die Arme und andere Elemente nach Belieben ergänzen (Abb. 6).

Variante

Die gleiche Übung, diesmal mit Betonung der Gesichtssymmetrie durch Schwarz-Weiß-Kontraste (Abb.7).

Hinweis: Nach dem Malen zur Stabilisierung ein zweites Blatt auf die Rückseite kleben.

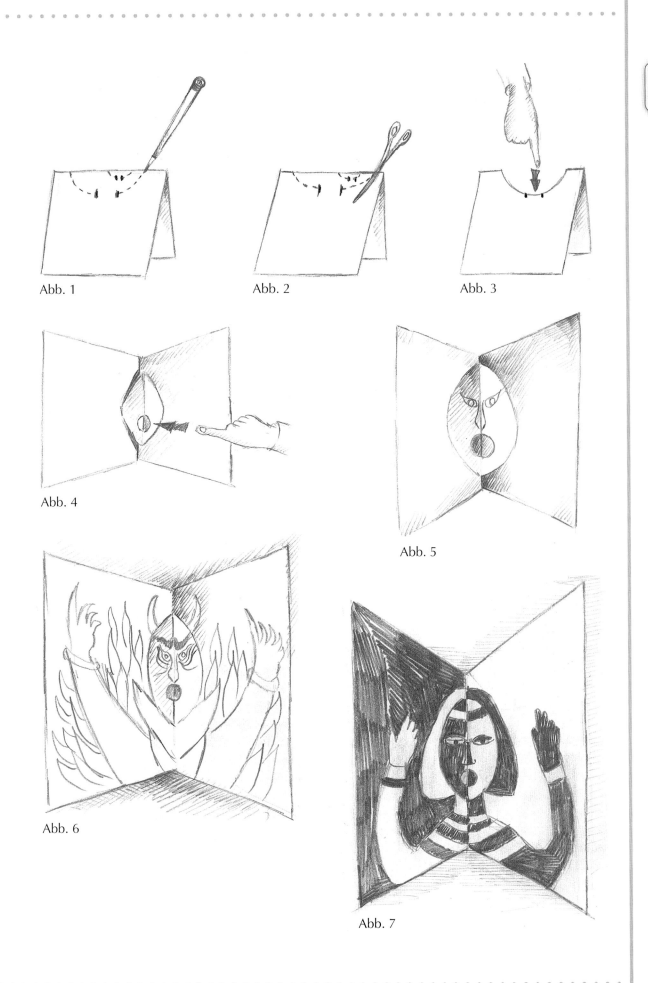

Abb. 1

Abb. 2

Abb. 3

Abb. 4

Abb. 5

Abb. 6

Abb. 7

61 | # Landschaftsrelief

Ziele
- „Nah" und „fern" darstellen
- ein Relief gestalten

Material
- 2 Bogen weißer Fotokarton (ca. DIN A4)
- Gouache/Temperafarbe
- Rund- und Flachpinsel
- Schere
- Klebstoff

Dauer
- 4 Zeitstunden

Arbeitsanleitung

Einen Bogen durch horizontale Linien in mindestens vier Streifen aufteilen (Abb. 1).

In jeden Streifen ein Wellenmuster zeichnen (Abb. 2).

Die Wellenstreifen sorgfältig ausschneiden (Abb. 3).

Jeden Streifen in einem unterschiedlichen Blauton (Cyanblau + Weiß in Abstufungen) ausmalen, dabei immer heller werden. Den unteren Rand jeweils zum Aufkleben ein Stückchen nach hinten knicken, um damit die Wellen später aufkleben zu können (Abb. 4 und 5).

Auf dem zweiten Blatt im oberen Drittel eine einfache Landschaft (z. B. eine Insel mit Palme) und den Himmel, im unteren Bereich das Wasser in Blaustufen malen (Abb. 6).

An der Grenze Wasser/Landschaft den Bogen knicken (Bild nach innen). Die Wellen aufkleben, dabei die Abstufung von Dunkel zu Hell berücksichtigen. Andere Elemente ergänzen (Fische, Boot usw.) (Abb. 7).

61

Abb. 1

Abb. 2

Abb. 3

Abb. 4

Abb. 5

Abb. 6

Abb. 7

62 | „Totem"

Ziele
- eine neue Technik erlernen
- in die Arbeit mit Körpern (Skulpturen) einsteigen
- den Künstler Dubuffet entdecken
- eine Gemeinschaftsarbeit erstellen

Material
- Verpackungskartons unterschiedlicher Größen
- Gouache/Temperafarbe (drei Primärfarben, Schwarz und Weiß)
- weißer Bastelkleber
- Klebeband
- Tapetenkleister
- Lack

Dauer
- 1 Zeitstunde

Anschauungsmaterial
- das Werk von Jean Dubuffet (z. B. *Monument au fantôme*)

Arbeitsanleitung

Zeigen Sie den Kindern Beispiele für Kunstskulpturen (z. B. von Jean Dubuffet).

Mit breitem Klebeband und Klebstoff die Verpackungskartons unterschiedlicher Größen stabil zusammenkleben (Abb. 1).

Den Tapetenkleister anrühren. Zeitungspapierblätter damit einstreichen. Diese vorsichtig über die Skulptur legen. Das gesamte Konstrukt bedecken, die Ecken zwischen den Elementen grob abrunden (Abb. 2).

Trocknen lassen und den Vorgang 4- bis 5-mal wiederholen.

Für die farbige Ausgestaltung die gesamte Oberfläche mit nur schwach verdünnter, weißer Gouache/Temperafarbe überziehen. Wenn nötig eine zweite Schicht auftragen (Abb. 3).

Die Oberfläche im Stil des Künstlers Jean Dubuffet ausgestalten. Dazu abschließend in schwarzem Strich geschlossene Felder aufmalen (Abb. 4).

Hinweise:
- *Mit nur schwach verdünnter Farbe arbeiten.*
- *Die Gouache/Temperafarbe kann mit weißem Kleber vermischt werden, um eine brillantere und widerstandsfähigere Oberfläche zu erhalten.*

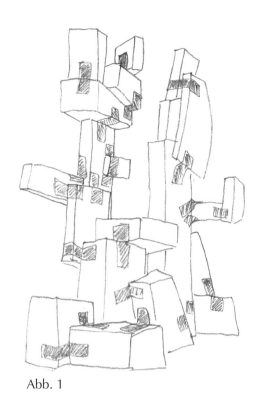

62

Abb. 1

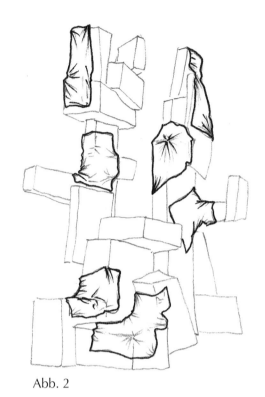

Abb. 2

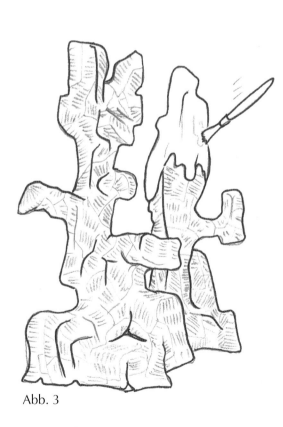

Abb. 3

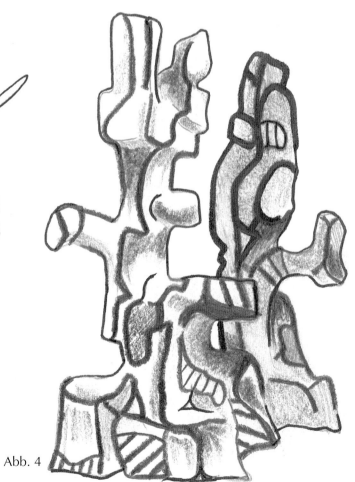

Abb. 4

63 | Skulptur

Ziele
- eine neue Technik ausprobieren
- sich mit der Skulptur und mit dem Werk der Künstlerin Niki de Saint Phalle auseinandersetzen

Material
- Holzstock und Styroporblock (Sockel)
- altes Kopfkissen oder Ähnliches
- Klebeband (evtl. auch Tacker)
- Tapetenkleister
- Zeitungspapier
- Gouache/Temperafarbe
- Lack (für Gouache/Temperafarbe)
- Gips

Dauer
- 1 ½ Zeitstunden

Anschauungsmaterial
- Werke von Niki de Saint Phalle

Arbeitsanleitung

Für den Sockel den Holzstock senkrecht im Styroporblock feststecken.

Für die Figur über eine Ecke das Kopfkissen auf den Stock stülpen (alternativ zum Kissen z.B. eine mit Plastiktüten ausgestopfte große Plastiktüte nehmen) (Abb. 1).

Mit Klebeband die Figur in Form bringen, sodass Arme und Beine erkennbar werden, und gut am Sockel befestigen (Abb. 2).

Die Gliedmaßen durch Ankleben von zerknülltem Papier verlängern und in die gewünschte Form bringen. Drei Papierkugeln (oder Schaumstoffbälle) als Kopf und Brüste mit Klebeband befestigen (Abb. 3).

Zeitungspapier einkleistern und damit die gesamte Figur überziehen. Dabei die Formen gut abrunden. Trocknen lassen, dann den Vorgang mehrmals wiederholen (Abb. 4).

Die „Statue" weiß anmalen (in mehreren Schichten mit nur schwach verdünnter Farbe). Im Stil der Künstlerin Niki de Saint Phalle farbig ausgestalten, zum Schluss lackieren (Abb. 5).

Hinweis: *Um einerseits die Oberfläche zu stabilisieren und andererseits mehr Farbglanz zu erhalten, kann weißer Klebstoff in die Gouache/Temperafarbe gemischt werden.*

63

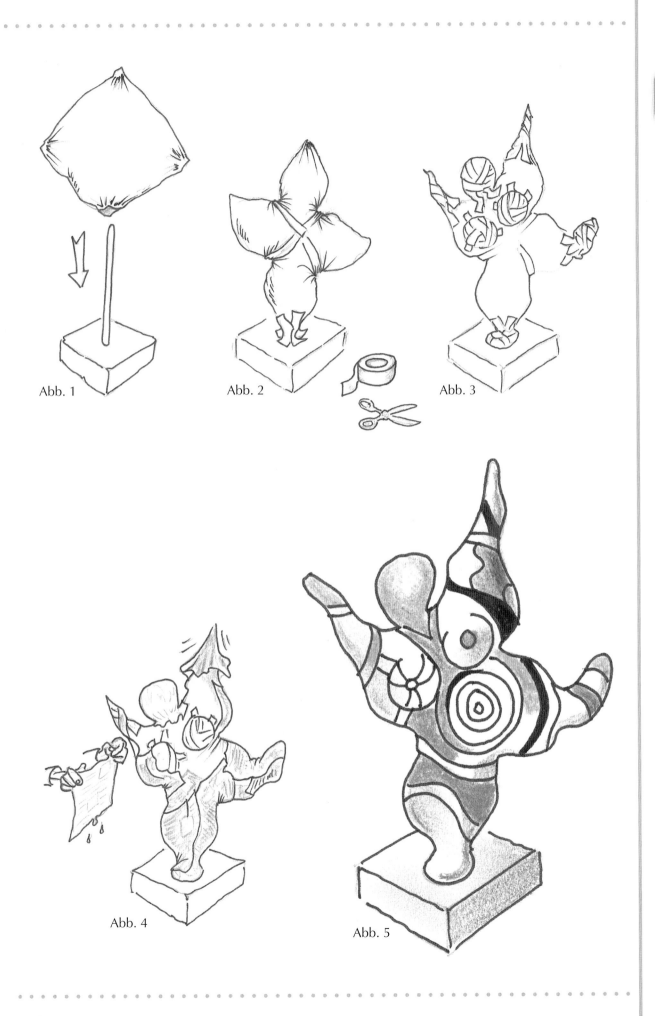

Abb. 1

Abb. 2

Abb. 3

Abb. 4

Abb. 5

64 Unendlicher Turm

Arbeitsanleitung

Vorab Quadrate mit einer Seitenlänge von 21 cm zuschneiden (in der Anzahl der Schüler).

Jeder Schüler erhält zwei DIN-A4-Blätter und ein Quadrat und zeichnet in Letzteres mit Bleistift zwei Diagonalen ein (Abb. 1).

Die beiden DIN-A4-Blätter wie angegeben falten und schneiden (Abb. 2a und 3a).

Die vier Streifen längs in der Mitte falten (Abb. 2b).

Die beiden anderen Teile wie angegeben verkleben (Abb. 3b). Den „Ring" flachdrücken und dann noch einmal in der Mitte zusammenfalten (Abb. 3c).

Durch die vier Papierschichten hindurch einen Bogen ausschneiden (Abb. 3d).

Aufklappen (Abb. 3e).

Hinweis: *Vor dem Zusammenfügen der verschiedenen Elemente mit schwarzem Filzstift eine Metallstreben-Struktur aufmalen.*

Für das Zusammenfügen der Elemente werden die vier Streifen an den Ecken des Quadrats positioniert. Die Faltlinie der Streifen muss dabei auf der Diagonalen liegen.

Aufkleben.

Das erste Stockwerk aufsetzen und festkleben.

Diesen Vorgang beliebig oft wiederholen. Den Abstand zwischen den einzelnen Stockwerken sowie deren Durchmesser evtl. variieren.

64

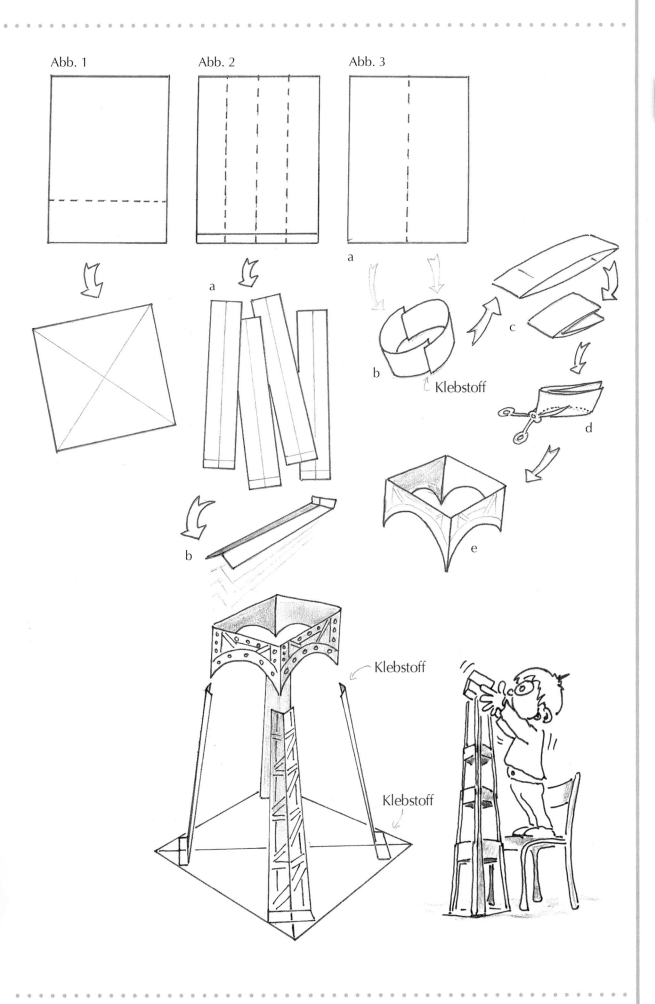

Abb. 1   Abb. 2   Abb. 3

a

a

b

b

Klebstoff

c

d

e

Klebstoff

Klebstoff

65 Konstruktion

Ziele
- eine Einführung in die Architektur erhalten
- eine stabile Konstruktion anfertigen

Material
- mehrere Bogen Papier (ca. DIN A6)
- Schere
- Klebstoff

Dauer
- $1\frac{1}{2}$ Zeitstunden

Arbeitsanleitung

Einen DIN-A6-Bogen in vier Längsstreifen falten (Abb. 1).

Wie angegeben zu einer Röhre falten und verkleben (Abb. 2).

Diesen Vorgang so oft wiederholen, wie Bauteile benötigt werden. Mehrere DIN-A6-Bogen jedoch für die Herstellung von Verbindungsstreifen aufheben. Diese dazu in beide Richtungen viermal falten, dann zerschneiden (Abb. 3).

Um die Röhren miteinander verbinden zu können, zunächst einige davon an beiden Enden ein Stück nach innen knicken (Abb. 4 und 5).

Die Knicke fest nachziehen. Die Röhren können nun aneinandergesetzt werden (Abb. 6).

Klebstoff auftragen. Die Teile so lange zusammendrücken, bis es hält. Wo es notwendig ist, zusätzlich mit Verbindungsstreifen stabilisieren (Abb. 7).

Auf diese Weise können diverse Bauwerke angefertigt werden.

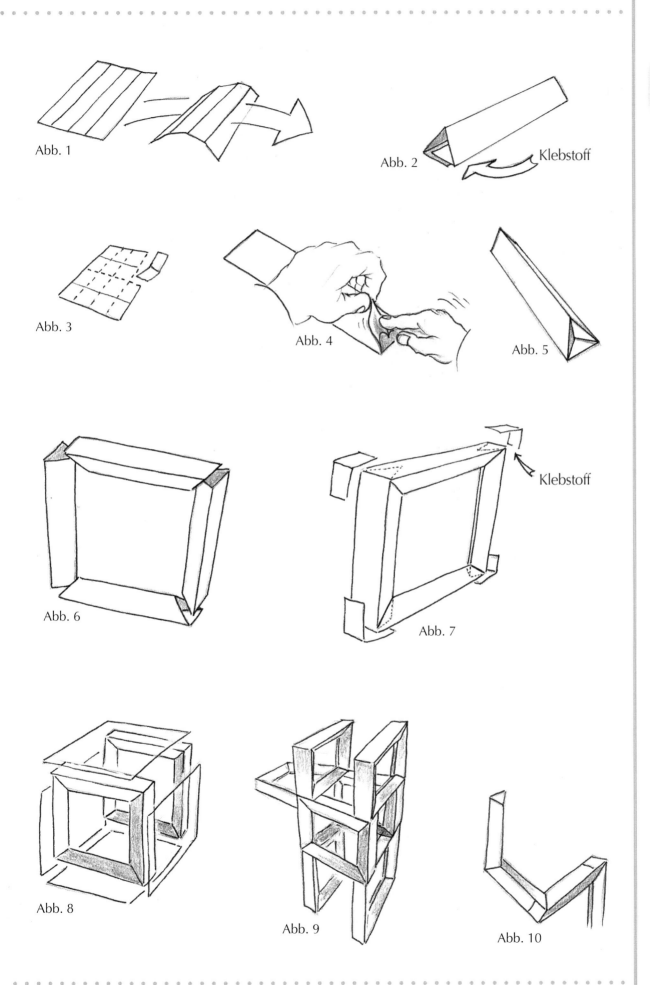

65

Abb. 1

Abb. 2   Klebstoff

Abb. 3

Abb. 4

Abb. 5

Abb. 6

Abb. 7   Klebstoff

Abb. 8

Abb. 9

Abb. 10

66 Design

Ziele

- angewandte Kunst und Design entdecken
- einfache Materialien bearbeiten und zum Konstruieren verwenden
- Annäherung an die Dreidimensionalität
- einen Maßstab beachten

Material

- weißer Fotokarton (ca. DIN A4) oder Kartonabfälle
- starker Klebstoff
- Schere
- Filzstifte (evtl. mit Pinselspitze)

Dauer

- 2 Zeitstunden

Anschauungsmaterial

- Werke von Bauhaus-Künstlern: Gerrit Rietveld, Philippe Starck

Arbeitsanleitung

Aus dem Fotokarton etwa 4 cm breite Streifen ausschneiden.

Durch einfaches Falten und ohne weiter zu schneiden geometrische Sitze (Sessel und Stühle mit quader- bzw. würfelförmiger Grundform) bauen.

Mit Filzstiften ausmalen, dabei dem geometrischen Grundgedanken treu bleiben (Kreise, Quadrate, Längsstreifen …).

In einem Schuhkarton ein Modell für ein Innenraum-Design entwickeln. Die Schüler schmücken den Karton im beschriebenen Stil mit geometrischen Möbeln, Tapeten (gestreift), Teppichen, Lampen usw. aus. Eine oder zwei aus Karton ausgeschnittene Personen hineinsetzen, dabei den Maßstab beachten.

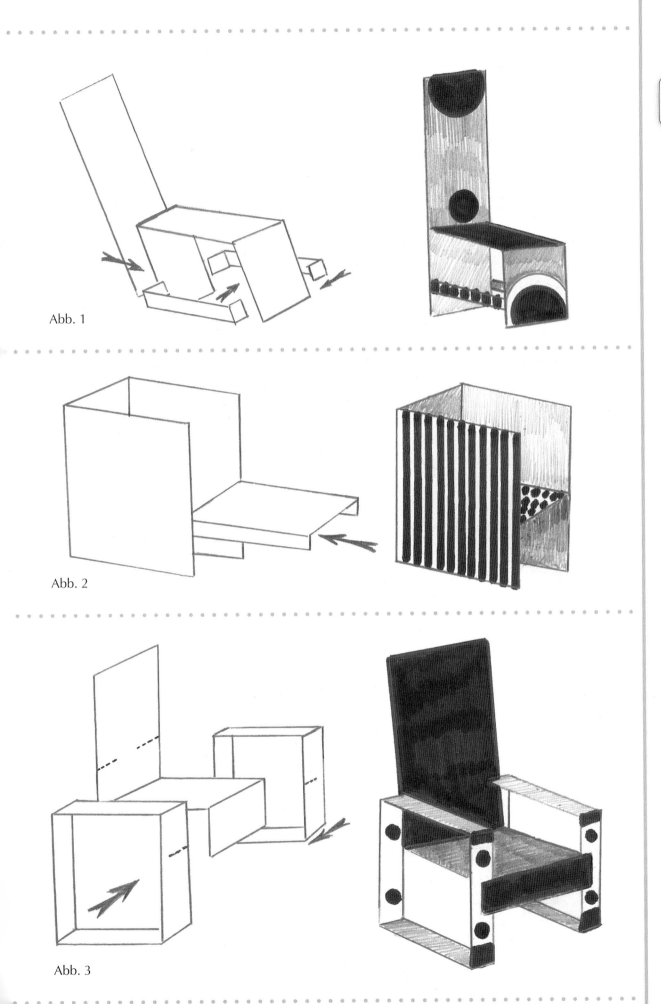

66

Abb. 1

Abb. 2

Abb. 3

67 | Personen

Ziele
- eine Einführung in die Welt der Comiczeichnung erhalten
- die Feinmotorik stärken

Material
- weißes Tonpapier (ca. DIN A4)
- schwarzer Filzstift
- Buntstifte
- Bleistift (HB)
- Radiergummi
- Pinsel

Dauer
- $1\frac{1}{2}$ Zeitstunden

Anschauungsmaterial
- Comiczeichnungen

Arbeitsanleitung

Einen (nicht allzu breiten) Rahmen auf das Blatt zeichnen. Im inneren Bereich vier oder fünf Kreise setzen (ca. 3 cm Durchmesser), anschließend Dreiecke ergänzen, die die Kreise mit einer Spitze berühren (Abb. 1).

Arme und Beine wie angegeben anfügen (Abb. 2).

Das Ganze (auch die Linien des Rahmens) mit schwarzem Filzstift nachziehen.

Den Körper der Figuren in verschiedenen Farben und Mustern ausgestalten.

Jeder Figur einen anderen Gesichtsausdruck geben (Abb. 3).

Mit einem wassergetränkten Pinsel die Konturen der Personen und den Rahmen so verlaufen lassen, dass der Hintergrund eingefärbt wird (Abb. 4).

In den Rahmen mithilfe eines harten, schmalen Gegenstandes (z. B. der Kante eines Lineals) einfache Muster drücken und diese anschließend mit Buntstiften übermalen (nur leicht aufdrücken) (Abb. 5).

Hinweis: Zeichnen Sie die Gesichter aus Abb. 3 als Hilfe an die Tafel.

67

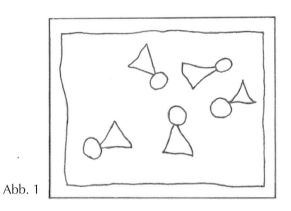

Abb. 1

Abb. 2

Abb. 3

Abb. 4

Abb. 5

68 Postkarte

Ziele
- eine Einführung in das Aquarellmalen erhalten
- kleinformatig arbeiten
- mit den Techniken des Comiczeichnens vertraut werden

Material
- Papier im Postkartenformat (ca. DIN A6)
- Bleistift (HB)
- Radiergummi
- wasserlösliche Filzstifte
- Pinsel
- saugfähiges Papier
- Farbpalette

Dauer
- 1 Zeitstunde

Anschauungsmaterial
- Landschaftsfotos
- Werke von Richard Parkes Bonington

Arbeitsanleitung

Mit Bleistift in einfachen Formen die Grundzüge einer Landschaft zeichnen. Nur leicht aufdrücken (Abb. 1).

Den Pinsel in Wasser tauchen und damit über die Fläche streichen, die anschließend ausgemalt werden soll (Abb. 2 und 3).

Auf der Farbpalette mit dem Filzstift einen dicken Farbpunkt malen (Abb. 4).

Den Pinsel wieder in das Wasser tauchen, die Farbe von der Farbpalette aufnehmen und auf dem Blatt verteilen (Abb. 5).

Die einzelnen Landschaftsebenen nach und nach in verschiedenen Abstufungen einfärben (Abb. 6).

Nach dem Trocknen eventuell die Konturen mit dünnem schwarzem Filzstift oder mit Tusche und Feder nachziehen.

Hinweise:
- *Das Blatt wird mit dem Pinsel „gestreichelt".*
- *Man muss mit viel Wasser arbeiten. Genügend Zeit zum Trocknen lassen!*
- *Unsaubere Stellen können mithilfe von saugfähigem Papier entfernt werden (nicht reiben!).*
- *Auf sehr kleine Flächen wird die Farbe direkt aufgetragen, diese werden nicht vorher befeuchtet.*

Abb. 1

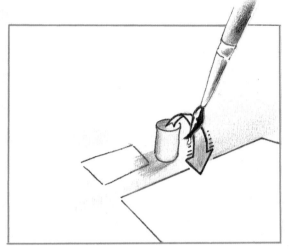

Abb. 2

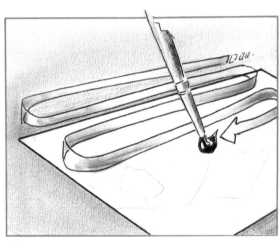

Abb. 3

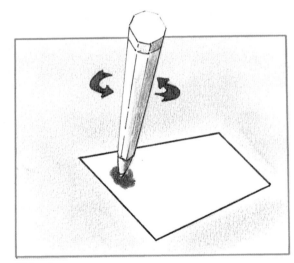

Abb. 4

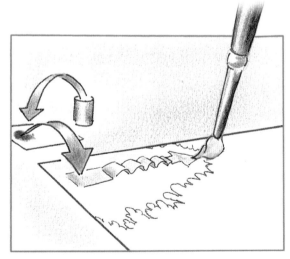

Abb. 5

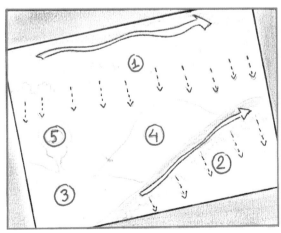

Abb. 6

69 | Briefmarken

Ziele
- in sehr kleinem Format arbeiten
- den Umgang mit der Feder lernen

Material
- Papier (ca. DIN A6)
- schwarze Tusche und Feder
- Löschpapier
- Bleistift (HB)
- Schere
- wasserlösliche Filzstifte
- Gouache/Temperafarbe (weiß)
- Pinsel

Dauer
- 1 $\frac{1}{2}$ Zeitstunden

Arbeitsanleitung

Geometrische Formen in der Größe einer Standart-Briefmarke aufmalen (Abb. 1 und 2).

Mit Bleistift ein Motiv zu einem ausgewählten Thema (z. B. Tiere) zeichnen, dann mit Feder und Tusche nachziehen (Abb. 3).

Mit Filzstift einen dicken Farbpunkt auf der Palette aufmalen.

In ausreichendem Abstand dazu einen Klecks Gouache/Temperafarbe auftragen (Abb. 4).

Den Pinsel in Wasser tauchen, Gouache/Temperafarbe aufnehmen und das Ganze anschließend in den Filzstiftpunkt rühren (Abb. 5).

Die „Briefmarke" farbig ausgestalten. Die Zeichenlinien sollen dabei nicht übermalt werden. Den Wert ergänzen (Abb. 6).

Hinweis: Ziehen Sie die Aufgabe als kleinen Wettbewerb auf. Es dürfen mehrere Probezeichnungen gemacht werden (erst mit Bleistift, dann mit der Feder). Bewertungsspiel: Je nach „Wert" des Bildes wird ein mehr oder weniger hoher Geldwert zugeteilt.

69

Abb. 1

Abb. 2

Abb. 3

Abb. 4

Abb. 5

Abb. 6

70 Briefumschlag

Ziele
- eine Fläche ausgestalten
- ein Gefühl dafür entwickeln, wie ein Bild gut zur Geltung gebracht werden kann

Material
- Briefumschlag
- Filzstift
- Tinte
- Klebstoff

Dauer
- $1/_2$ Zeitstunden

Arbeitsanleitung

Lieblingsbriefmarke auf einen Umschlag kleben (Abb. 1).

Den Umschlag entweder mit einem Rahmen um die Briefmarke herum (Abb. 2) oder mit der Fortsetzung des Briefmarkenmotivs ausgestalten (Abb. 3).

Das Ausmalen kann mit derselben Technik wie in Auftrag 68 (siehe Seite 164) erfolgen.

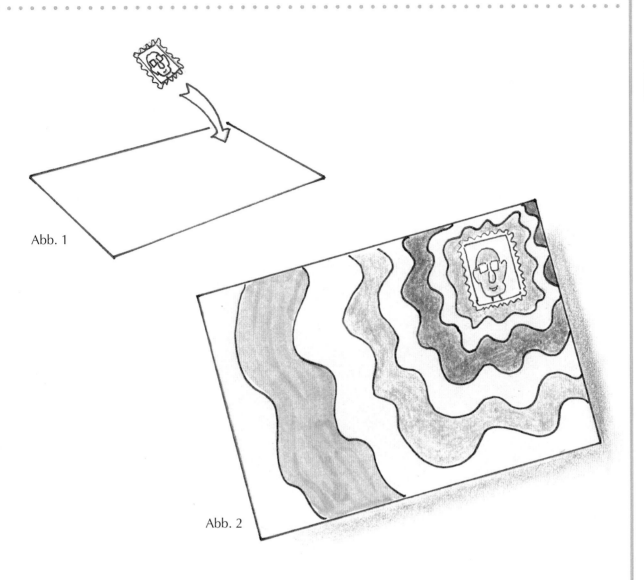

70

Abb. 1

Abb. 2

Abb. 3

71 Verschwommen im Regen

Ziele
- eine Fläche ausgestalten
- verzerren
- eine Arbeitstechnik kennen-lernen

Material
- 2 Bogen weißes Tonpapier (ca. DIN A4)
- Bleistift (HB)
- Radiergummi
- Zirkel
- dünner schwarzer Filzstift
- verdünnte blaue Tinte
- Kerzenwachs

Dauer
- 1 $\frac{1}{2}$ Zeitstunden

Arbeitsanleitung

Mit dem Bleistift drei horizontale Linien ziehen: die erste Linie (A) mit 5 cm, die zweite (B) mit 5,5 cm und die dritte (C) mit 16 cm Abstand zum unteren Blattrand. Darüber wie angegeben drei Umrisslinien für die Häuserfassaden zeichnen (Abb. 1).

Die Fenster einarbeiten (Abb. 2):
- in Abschnitt 1: große Fenster mit Details;
- in Abschnitt 2: kleine Fenster ohne Details;
- in Abschnitt 3: kleine Rechtecke.

Oberhalb von Linie C Blattwerk malen. Der Abschnitt zwischen den Linien B und C soll eine Mauer darstellen, auf der die Kinder Plakate oder ihre Namensinitialen als Graffiti anbringen können. Eine oder zwei Personen die Mauer entlanglaufen lassen. Eine Straßenlaterne ergänzen, dabei die Proportionen beachten. Im Hintergrund Schornsteine malen, aus denen Rauch aufsteigt. Das Ganze mit dünnem schwarzem Filzstift nachziehen.

Das Blatt mit einem Stück Kerzenwachs einreiben. Dabei in großen Bewegungen von einer Seite des Blattes zur anderen fahren und nur leicht aufdrücken.

Abschnitt für Abschnitt mit dem Pinsel die verdünnte Tinte auftragen (Abb. 2).

Trocknen lassen.

Das Blatt umdrehen und auf der Rückseite mit dem Zirkel mehrere Kreise unterschiedlicher Größe zeichnen. Diese sollen weder den Rand noch sich gegenseitig berühren.

In jeden Kreis drei oder fünf weitere, konzentrische Kreise zeichnen (Abb. 3).
Das Blatt so falten, dass die Kreise gut ausgeschnitten werden können (Abb. 4).
Das Bild vorsichtig auf das andere DIN-A4-Blatt aufkleben (Abb. 5).
Die Kreise in die einzelnen Ringe zerschneiden (Abb. 6).
Die Kreise wieder an ihren ursprünglichen Platz in das Bild setzen, dabei die Ringe leicht drehen, immer abwechselnd in die eine und in die andere Richtung (Abb. 7).

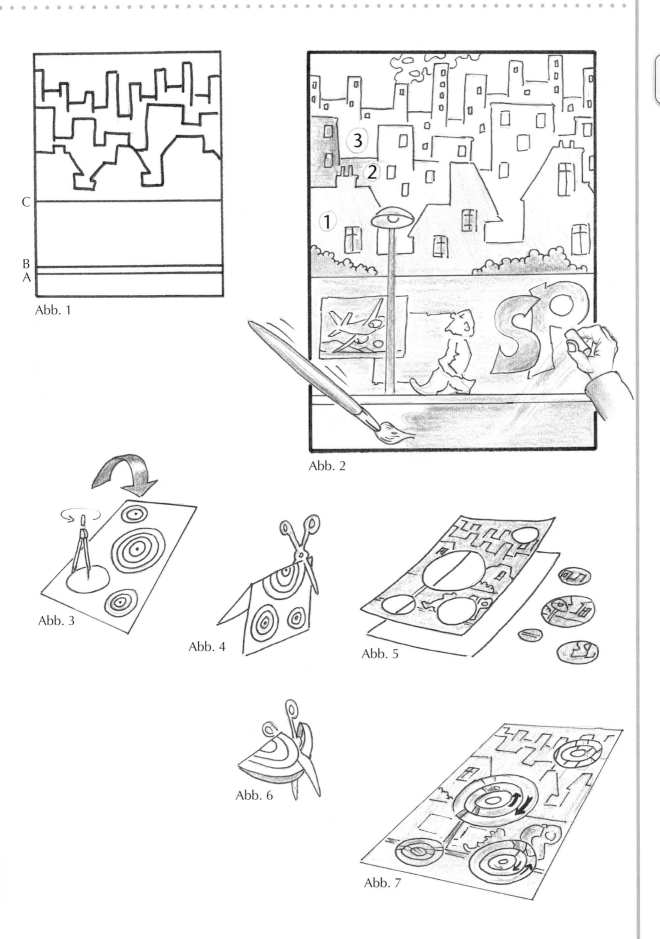

71

Abb. 1

Abb. 2

Abb. 3

Abb. 4

Abb. 5

Abb. 6

Abb. 7

72 Überraschung!

Ziele
- Fantasie entwickeln
- erste Auseinandersetzung mit der Comiczeichnung

Material
- weißes Tonpapier (ca. DIN A4)
- Filzstift
- Bleistift (HB)
- Radiergummi
- Schere

Dauer
- 1 Zeitstunde

Anschauungsmaterial
- Comics

Arbeitsanleitung

Die Figur (Seite 173) fotokopieren, ausschneiden und auf ein DIN-A4-Blatt kleben.

Eine Situation erfinden und malen, in der sich die Person gerade befindet: Was macht sie? Was geschieht? Was sieht sie? Warum …? usw.

Einen der Größe des Bildes entsprechenden Rahmen zeichnen. Ausschneiden und dabei ca. 5 mm Überschuss lassen.

Für die Farbgebung siehe Auftrag 68, Seite 164.

Alle Konturen mit schwarzem Filzstift nachziehen.

73 | **Textblasen**

Ziele
- die verschiedenen Textblasentypen unterscheiden und zeichnen lernen
- die Comiczeichnung als eine Kombination aus Bild und Text verstehen

Material
- weißes Papier (DIN A6)
- Schere
- Klebstoff

Dauer
- 1 $^1/_2$ Zeitstunden

Anschauungsmaterial
- Comics („Belgische Schule")

Arbeitsanleitung

Übung 1

Aus einer Kopie von Seite 175 die Hinweisstriche für Denk- und Sprechblasen sowie die entsprechenden Blasen ausschneiden und zusammenfügen.

Einen passenden Inhalt und die zugehörige Person erfinden. Die Person und den Hintergrund farbig ausgestalten (siehe Auftrag 68, Seite 164).

Übung 2

Selbst Blasen malen. Zwei Personen und einen Dialog zwischen ihnen erfinden. Auf die Position der Blase im Bild achten und die Größe an die Textmenge anpassen.

Zeichnen einer Sprechblase:

Hinweise:
- *Als Erinnerungsstütze können Sie eine Auswahl besonders ausdrucksvoller Zeichnungen auf einem Plakat zusammenstellen.*
- *In einer Blase kann der Text auch durch ein Bild ersetzt sein; suchen Sie in verschiedenen Comic-Bänden nach entsprechenden Beispielen. Dies ist besonders für solche Kinder interessant, die Schwierigkeiten mit dem Schreiben haben.*

73

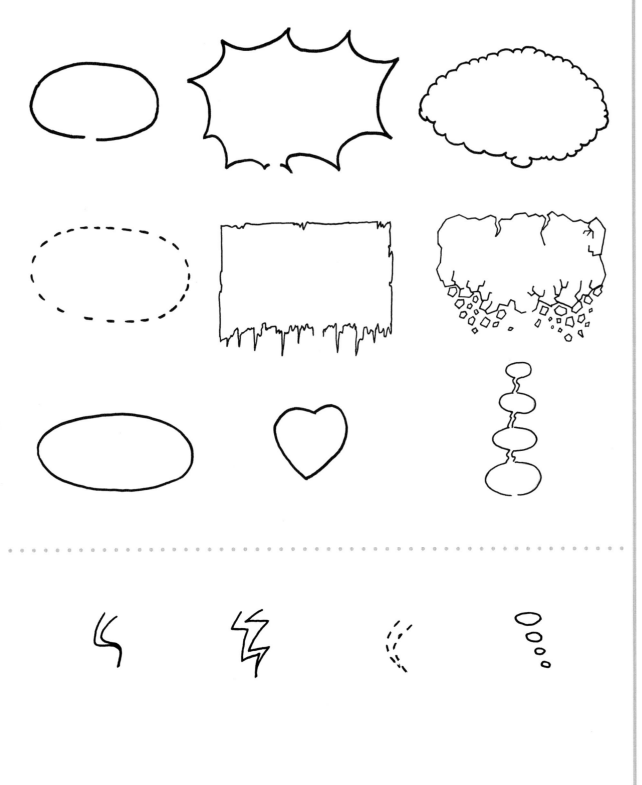

74 Bewegung

Ziele
- lernen, Bilder zu „beleben"
- die Figuren animieren

Material
- weißes Papier (ca. DIN A4)
- Schere
- Klebstoff

Dauer
- 1 Zeitstunde

Anschauungsmaterial
- Comics

Arbeitsanleitung

In verschiedenen Comic-Heften Beispiele heraussuchen:

- Eine Bogenlinie unterstreicht eine Bewegung und kann die Bewegungsrichtung anzeigen.

- Eine oder mehrere parallele Linien können die Flugbahn eines Geschosses zum Ausdruck bringen.

- …

Die Zeichnungen (Seite 177) fotokopieren, ausschneiden und auf DIN-A4-Blätter kleben. Einen Rahmen um jede Zeichnung ziehen, dann das Bild animieren und vervollständigen. Farbig ausgestalten (siehe Auftrag 68, Seite 164).

74

75 | Lautmalende Wörter

Ziel
- lernen, Laute zu visualisieren

Material
- weißes Papier (ca. DIN A4)
- Bleistift
- Radiergummi
- Schere
- Klebstoff

Dauer
- 1 Zeitstunde

Arbeitsanleitung

Die Bilder und die lautmalenden Wörter (Seite 179) ausschneiden, passend zusammenfügen und aufkleben. Einen Rahmen ziehen. Farbig ausgestalten.

Zur folgenden Auflistung die passenden Geräusche finden:
- ausweichendes Gas
- Schrei des Entsetzens
- Muhen einer Kuh
- Wasserfall
- Glücksschrei
- Niesen
- Essen
- Trinken
- Schmerzensschrei
- Schnarchen

Zwei oder drei Geräusche auswählen, die die Kinder bildhaft umsetzen sollen. Einen Rahmen ziehen und farbig ausgestalten.

Hinweis: *Wichtig ist es, eine geeignete Buchstabengröße und -form zu wählen. (Der Schriftzug kann auch über die Denk- oder Sprechblase hinausgehen.)*

76 Vorher – nachher

Ziele

- erste Auseinandersetzung mit der räumlich-zeitlichen Fragmentierung
- einen Moment in einem Bild isolieren
- die zeitliche Abfolge einzelner Handlungen begreifen; sich darüber bewusst werden, dass im Comic ein Bild nie für sich steht, sondern integraler Bestandteil einer Bilderfolge darstellt

Material

- weißes Papier (DIN A4 für zwei Zeichnungen)
- Schere
- Klebstoff
- Bleistift (HB)
- Radiergummi

Dauer

- $1\frac{1}{2}$ Zeitstunden

Arbeitsanleitung

Das Blatt längs in der Mitte durchschneiden, dann die beiden Streifen noch zweimal falten, sodass jeweils vier gleich große Abschnitte entstehen (Abb. 1 und 2).

Das Bild (Seite 181 unten) kopieren und in das zweite Feld eines Papierstreifens kleben (Abb. 3). Das aufgeklebte Motiv auf die restlichen drei Felder übertragen.

Durch Strichzeichnung und Farbeinsatz (getrennt oder miteinander vermischt, siehe Auftrag 68, Seite 164) herausarbeiten, dass die Zeit vergeht.

Beispiel für das erste Bild: Die Sonne geht hinter den Bergen auf …

Hinweis: *Um jedes Bild muss ein Rahmen gezogen werden.*

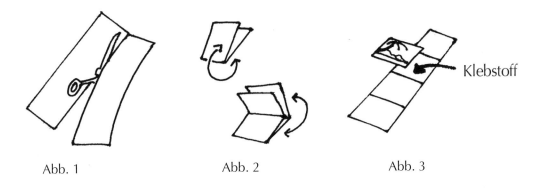

Abb. 1   Abb. 2   Abb. 3

Klebstoff

Bewegungen fragmentieren

Ziel
- eine Bewegung in einzelne Phasen zergliedern

Material
- Schere
- Klebstoff
- Bleistift (HB)
- Radiergummi

Dauer
- $1\frac{1}{2}$ Zeitstunden

Arbeitsanleitung

Die Zeichnung (Seite 183) fotokopieren, ausschneiden und aufkleben.

Den Rahmen so ausfüllen, dass der Betrachter sich den Überschlag, der zwischen den Bildern stattfindet, vorstellen kann.

Die Übung mit Zeichnungen von Seite 177 wiederholen.

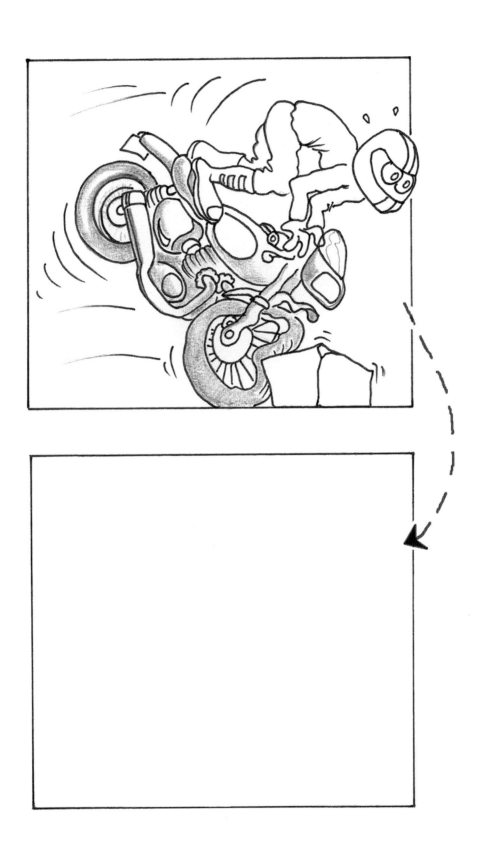

78 | Fotoroman

Ziele
- einen Comic entwickeln
- sich mit der Filmsprache auseinandersetzen
- eine Gemeinschaftsarbeit erstellen

Material
- Fotoapparat (analog oder digital)
- Pauspapier
- weißes Tonpapier
- Bleistift
- Radiergummi

Dauer
- mehrere Stunden

Anschauungsmaterial
- Comics

Arbeitsanleitung

A Der Text

1. Eine einfache, kurze Geschichte erfinden.
2. Den Text zergliedern, dabei die verschiedenen Handlungen und Orte beachten. Die Haupthandlungen herausarbeiten, die wichtig für das Verständnis der Erzählung sind (Auslassungen machen). Bei jeder Szene angeben, was man sieht.
3. Vom Erzähltext in die Dialogform übergehen: Die Personen sprechen lassen.

B Das Bild

1. Kennzeichnen, an welchen Orten sich die einzelnen Szenen abspielen könnten. Für einzelne Szenen kann ein Hintergrund skizziert werden (z. B. Abb. 2)
2. Die verschiedenen Figuren von den Schülern in Form eines Fotoromans interpretieren lassen.
3. Jede Szene bzw. jede Einstellung fotografieren; dabei achten auf:
   - den Blickwinkel: z. B. Vogel- oder Froschperspektive (dadurch wird die Sicht auf die Dinge manipuliert);
   - die Aufnahme (weite oder totale Einstellung, halbnahe oder Großaufnahme).
   Von jeder Szene dürfen ruhig mehrere Fotos gemacht werden.

C Die Reproduktion

1. Die gelungensten Fotos heraussuchen und mithilfe von Pauspapier auf Papier übertragen, eventuell überarbeiten (Erscheinung der Personen, Hintergrund, Ergänzung neuer Elemente) (Abb. 1, 2 und 3).
2. Die Bilder auf einem Blatt („Bildtafel") in einer zusammenhängenden, harmonischen Anordnung zusammenfügen. Die Bildflächen (Größe und Form des Rahmens) kann mit einem Kopiergerät variiert werden.
3. Textblasen zeichnen, den Text hineinschreiben (zuerst mit Pauspapier ausprobieren) und anschließend farbig ausgestalten (siehe Auftrag 68, Seite 164).

Hinweis: *Zur Unterstützung dieser Arbeit sollten Comic-Bände untersucht und analysiert werden. Auf die Abstände achten, die zwischen den einzelnen Bildern gelassen werden.*

Variante

Einführung in die Techniken zur Gestaltung eines Films:
Die gleichen Einstellungen verwenden, diesmal aber die fotografierten Szenen durch Filmaufnahmen ersetzen. Dazu mit einer digitalen oder analogen Filmkamera und mit Filmtechniken arbeiten: z. B. Heran- und Zurückzoomen, „Travelling"-Effekt (Kamerafahrt), Schuss-Gegenschuss-Verfahren, subjektive Kamera (Point-of-View-Shot).

Abb. 1

Abb. 2

Abb. 3

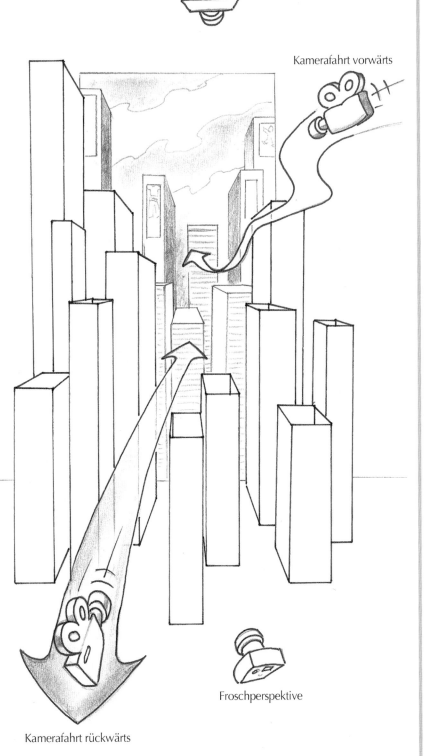

Vogelperspektive

Kamerafahrt vorwärts

Kamerafahrt rückwärts

Froschperspektive

Schauen wir mal, was da los ist ...

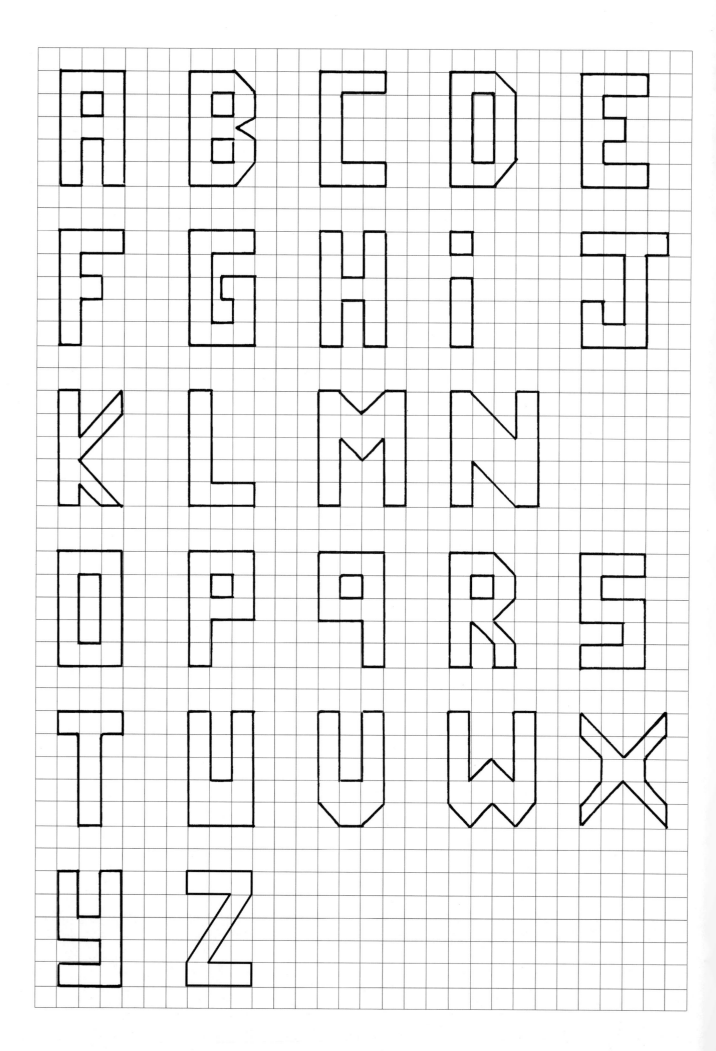

Serge Paolorsi / Alain Saey: Kunst-Rezepte für den Unterricht, Band 2 · Best.-Nr. 580   © Brigg Pädagogik Verlag GmbH, Augsburg

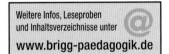